黃顯華 著

觀想學習

古今中外名人
終身學習的啟迪

商務印書館

觀想學習——古今中外名人終身學習的啟迪

作　　者：黃顯華

責任編輯：吳一帆

封面題籤：黃顯華

封面設計：涂　慧

出　　版：商務印書館 (香港) 有限公司

　　　　　香港筲箕灣耀興道 3 號東滙廣場 8 樓

　　　　　http://www.commercialpress.com.hk

發　　行：香港聯合書刊物流有限公司

　　　　　香港新界大埔汀麗路 36 號中華商務印刷大廈 3 字樓

印　　刷：美雅印刷製本有限公司

　　　　　九龍觀塘榮業街 6 號海濱工業大廈 4 樓 A

版　　次：2018 年 3 月第 1 版第 1 次印刷

　　　　　© 2018 商務印書館 (香港) 有限公司

　　　　　ISBN 978 962 07 5785 3

　　　　　Printed in Hong Kong

目錄

書籍推介

教育與社會

鳴謝

序

我在唸中學的時候，一位教師的教學方法給我留下深刻的印象。他是教歷史的，整個學期每一堂課的絕大部分都是下面所述的經歷：他要求班內每一個同學輪流背誦歷史書內的內容。到學期終結，同學們都會有不差的成績，但這是學習歷史應該用的方法嗎？

我們吃的是米飯，除非是消化不良，否則排出的不應該仍然是米飯吧？！上述學習歷史的方法，上課時不過只是輸入歷史內容，考試時只是輸出同樣的內容而已，完全沒有經過消化的過程。我們完全沒有從學習歷史的過程中獲得些甚麼，特別是從學習歷史的過程中獲得甚麼做人做事的道理和教訓。

在唸大學的時候，上課時教授多數是在講書，完全不理會學生的反應。歸納不同界別同學的經驗發現，不少教授每一年所講的內容是差不多的。我覺得那些教授的角色跟錄音機是差不多的。而不少同學都在抄錄教授所講的內容，我覺得他們的角色很像複印機。聽説香港真的有一位大學教授，告假時用一部錄音機代他上課呢！

到七十年代初期任教小學時，一位神父送了一本影響我一生教學的書。這本書名為 "Pedagogy of the Oppressed"，由一位巴西著名教育家 Paulo Freire 所寫。他極力反對上述傳統的教學方法，他描述那些方法是銀行式的教育（banking education）：上課時是存款的過程，考試時是提款的過程而已。他提倡通過對話進行學習。他認為在教學過程中，一方面學生在學習，同時，教師在這過程中，也在學習怎樣令學生學習。他主張師生在學習的過程中一起成長。

從那時開始，我便希望尋找：怎麼樣的狀態才算是"學習"呢？

為了探究學習的性質，筆者自 2008 年開始，花了六年多時間，用了近 74 萬字完成《現代學習與教學論：性質、關係和研究》一書。該書引用了 800 多份英文學報文章，其中大部分是在 2000 年後發表的，並以實證研究為主。該書由人民教育出版社在 2014 年 8 月出版。

筆者認為《現代學習與教學論：性質、關係和研究》一書只能引發研究生的閱讀興趣，所以自該書出版後，便開始撮要一些每篇長達數萬字的章節，並改編成為二三千字的文章，以便一般讀者和教師閱讀。短文刊登於香港"灼見名家"網頁。

除了普及化《現代學習與教學論：性質、關係和研究》一書外，筆者更嘗試以書中觀念來分析中國學者的學習觀，研究孔子、孟子、荀子、墨子、周有光和高錕等人的學習觀對現代華人的影響，這個探索方向別具意義。筆者在分析中國學者學習觀的過程中興起了著作本書的念頭，隨後又分析了一些外國人士的學習觀，當中包括蘇格拉底、愛迪生、愛因斯坦、比爾‧蓋茨、賈伯斯和彼得‧巴菲特等。金庸筆下的武俠小說人物對我們這一代的華人頗有影響，所以筆者也探討了郭靖、楊過、張無忌的學習經歷。

黃武雄教授的《童年與解放》，與李雅卿的《乖孩子的傷，最重》、《成長戰爭》、《天天驚喜》分別分析了“學習”的理論和實踐經驗，故此，筆者在本書中介紹了這些作品。

　　最後，一些文章如〈“贏在起跑線上”的疑和問〉、〈金禧事件與黃麗松報告書〉等均是與“學習”息息相關的社會議題，所以都會被編在本書內。

　　最後，筆者提出下列三個問題，希望和讀者一起去思考：

　　1.“明白”、“投入”、“問問題”、“自主學習”是不是學習的性質？如是，則除了這些性質外，學習還有哪些性質呢？”

　　2. 除了本書已分析過的人物外，還有哪些人物的學習觀值得我們去深入了解呢？

　　3. 為了應對未來社會的發展變化和各地的實際需要，在學生通過不同階段的學校教育，即將進入社會的時候，我們希望他們應該具備甚麼樣的關鍵性質，即核心素養？這些核心素養在小學 / 初中 / 高中 / 大學各階段分別應該有甚麼表現或特點？

內容概要

本書建基於《現代學習與教學論：性質、關係和研究》一書，該書分析了一些有關"學習"的基本概念，例如"明白"、"投入"、"問問題"、"自主學習"等，而本書嘗試應用這些概念，融合筆者對"學習"的理解，簡單介紹古今中外人物對"學習"的具體看法和生平實踐。

甚麼是"明白 / 理解？"

不少學者曾經提出"明白 / 理解"一詞的定義。美國督導與課程發展協會（Association for Supervision and Curriculum Development，簡稱 ASCD）認為該詞有六方面的內容：解釋（explanation）、闡釋（interpretation）、應用（application）、觀點（perspective）、同理心（empathy）和自覺知識（self knowledge）。

解釋（explanation） 是指説明為甚麼要做這些，提出理由、理論。

《荀子》首篇〈勸學〉的首句"君子曰：學不可以已"。那麼，荀子是怎樣具體解釋"學不可以已"的呢？荀子首先指出"青，取之於藍而青於藍；冰，水為之而寒於水"，接着指出因為有"學不可以已"的定力與行動，才有"木受繩則直，金就礪則利"的結局，進而"知明而行無過矣"。縱覽《荀子》一書，荀子非常善於用"解釋"這樣的方式讓人達到"明白 / 理解"。

闡釋 (interpretation) 是通過講故事、提出比喻、模擬等，釋出相關內容背後的意思，進而解釋意義，以及尋找意思和意義的規律。

　　孟子經常通過具體比喻或講故事，讓別人明白和學習他所提倡的道理。例如《孟子》〈盡心上〉中孟子說："有為者，辟若掘井；掘井九軔而不及泉，猶為棄井也。"這是孟子其中一個舉例說明，他勉勵人們為學做事都要持之以恆，提出做事做人要有始有終，不可半途而廢。荀子行文喜用形象化的比喻來說明深奧的道理，比如《荀子》〈勸學〉中論及君子"怎樣學"可達至"博學"時，他就使用了形象化的比喻："故不登高山，不知天之高也；不臨深溪，不知地之厚也；不聞先王之遺言，不知學問之大也。"

　　陳載澧在《破格思考——從古今大師如何突破說起》中提出，一個人如果能把兩組本來無關的心智活動進行交叉連接和契合，便能組建成比兩者相加遠遠更豐茂的資訊大樹。正如柯斯勒 (A. Koestler) 在《創造的行為》(*The Act of Creation*) 一書中列舉許多歷史上創新和發明的例子後，提出的偶聯作用 (Bisociation)，這個觀念是一種創新行動的心智機制。[1] 偶聯作用和"理解"實有相同的意義，都是"將一點一滴的知識織成連貫的整體，從而發現這些知識的模式、聯繫、關聯和關係的能力；它亦是把這些知識、概念和技能闡明並應用於新問題或情境的能力。"

　　金庸在《倚天屠龍記》內描述張無忌見到一頭兀鷹向下俯衝，然後轉而上翔，啟發他將箇中轉折動作應用在武功之中；"因之每見飛花落地，怪樹撐天，以及鳥獸之動，風雲之變"，張無忌

1　陳載澧：《破格思考——從古今大師如何突破說起》，香港：商務印書館（香港）有限公司，2014年版，第3、7頁。

往往會想到武功的招數上去。這是偶聯作用下創新行動的心智機制的 個例證。

比爾‧蓋茨嘗試把程式編製方法和各種問題,都拿到電腦去檢驗。於是他的電腦知識迅速地增加,每天用電腦去處理問題的時間也越來越多,他把從中獲得的知識和從操作中得到的經驗,充分應用教育學中**偶聯作用**的心智機制**聯繫**起來,每天都有新的發現和體會。

應用 (application) 是指解決問題,把所學應用到新的情境,試圖有所創新。《論語》〈學而〉開篇即說"學而時習之,不亦説乎?"這句話所闡釋的從"學"(學習)到"習"(實習)的過程,正是一種從理論到實踐的過程,即從思想到行為的一種歸依。學到知識之後有時間有機會在實踐中去用上它、驗證它並完善它,不正是值得快樂的事嗎?高錕把這句話理解為"學以致用,是最令人快樂的一回事",這是"應用"的典型解釋。

觀點 (perspective) 就是從不同角度、用不同方法來看同一件事物。

孔子會身體力行,從不同角度、用不同方法來看同一件事物。當論及儒家的核心價值"仁"的時候,孔子會因應不同學生的特質來思考並回應。《論語》〈雍也〉中子貢問仁,孔子回覆:"夫仁者,己欲立而立人,己欲達而達人。能近取譬,可謂仁之方也已。";《論語》〈顏淵〉中仲弓問仁,孔子卻回覆:"出門如見大賓,使民如承大祭。己所不欲,勿施於人。";《論語》〈顏淵〉中顏淵問仁,孔子回覆:"克己復禮為仁,一日克己復禮,天下歸仁焉。為仁由己,而由人乎哉?"甚至同一個學生在不同時間問同一個問題時,孔子給出的答案都會不同,例如樊遲最少三次問仁於孔子，但孔子三次的回覆皆不同："仁者先難而後獲，可謂仁矣。"（《論語》〈雍也〉）；"居處恭，執事敬，與人忠。雖之夷狄，不可棄也。"（《論語》〈子路〉）；"愛人。"（《論語》〈顏淵〉）。

類似例子，還可見於《論語》〈先進〉："子路問：'聞斯行諸？'子曰：'有父兄在，如之何其聞斯行之？'冉有問：'聞斯行諸？'子曰：'聞斯行之。'公西華曰：'由也問"聞斯行諸"，子曰"有父兄在"；求也問"聞斯行諸"，子曰"聞斯行之"。赤也惑，敢問。'子曰：'求也退，故進之；由也兼人，故退之。'"這個例子證明了孔子因材施教，亦體現出他在日常中依據不同的對象，從不同角度、用不同方法來看同一件事物。

同理心（empathy）是設身處地，從別人的角度看世界，理解別人的生活、文化、感覺，並想像感同身受的情境。

孟子的"人溺己溺，人飢己飢"正是同理心的體現。《孟子》〈離婁下〉中孟子曾說："禹、稷、顏回同道。禹思天下有溺者，由己溺之也；稷思天下有飢者，由己飢之也，是以如是其急也。禹、稷、顏子易地則皆然。"

自覺知識（self knowledge）就是知道自己知道甚麼，也知道自己不知道甚麼。

《論語》〈為政〉中孔子說："知之為知之，不知為不知，是知也。"意思就是說：知道的就是知道的，不知道的就是不知道的，這就是關於知識的真諦。這種坦白直接，就是孔子追求知識的態度。在《論語》〈述而〉中，他也指責與之相反的另一種態度是非常錯誤的——"亡而為有，虛而為盈"，即本來是沒有卻裝作擁有，本來空虛卻裝作充實。

投入及"學"、"思"之關係

投入可分：行為投入、情感投入、認知投入。本書所描述的各種人物，均認真地投入於自己的學習和工作中。例如在中華文化的經典《論語》中，最直接表現孔子樂於學習和情意投入狀態的內容就有不少。

《論語》〈雍也〉中孔子說："知之者不如好之者，好之者不如樂之者。"

《論語》〈公冶長〉中他說："十室之邑，必有忠信如丘者焉，不如丘之好學也。"

《論語》〈述而〉中孔子建議學生子路形容孔子自己為"其為人也，發憤忘食，樂以忘憂，不知老之將至云爾。"

自主學習

《論語》〈為政〉"子曰：'學而不思則罔，思而不學則殆。'"一句，直接論述"學"與"思"的關係。指一味學習而不思考，就會因為沒有經由思考達致理解，而不能合理有效地運用所學的知識，從而陷入迷惘之中；如果一味空想而不切實地學習、吸收和鑽研，則近乎危險了。可見孔子重視學和思的關係。

《墨子》一書提到"何自"、"何故為"、"何以為"、"何以知之"，這就是要求人們開動腦筋，多加思考，注重學思並重、學思結合、學思並用。墨子重"思"的最顯著特色，在於他所研究和掌握的"思"之工具──墨家辯學（邏輯學）。

荀子也曾經把兩個概念統一起來。從"君子博學而日參省乎己"(《荀子》〈勸學〉)來看，荀子通過以下兩個方面來理解"博學"與"參省"之間的關係：第一，"博學"是"參省"的前提，沒有文化差異的意識、不愛好廣泛學習就不會有"參省"的自覺，亦無法掌握恰切的理念和視角來檢查、反省自己；第二，"參省"也是"博學"的延續和檢驗，正是經過了自我反省、內化的過程，從"博學"收穫的知識和掌握的技能才能趨於通達，運用自如。以筆者的理解，參省也是思考的一種表現。

愛迪生和愛因斯坦成功的關鍵就在"自學"，而這種自學是與他們狂熱的好奇心分不開的。

問問題

Learning to question, questioning to learn 一書把"QUEST"一字演繹為"Question for Understanding, Empowering Student Thinking"。問問題的目的不在於評價學生是否答對一些記憶性的問題，而在於促進學生的思考。

孔子主張認真問問題。《論語》〈子張〉："子夏曰：'博學而篤志，切問而近思，仁在其中矣。'"我們要廣泛學習並且不停地朝着目標前進，認真地提出問題並且聯繫實際生活去思考，便可以達到仁的境界了。

愛迪生因為太喜歡**問問題**，結果只過了三個月的校園生活便被學校開除了。

比爾·蓋茨非常喜歡**提問**，老師有時都被他問得無言以對。

"反思"能力是愛因斯坦學習的特色，具體表現在質疑傳統、挑戰權威，並且對一些看似平凡的事感到驚奇有趣。

淺析〈學習〉的本質

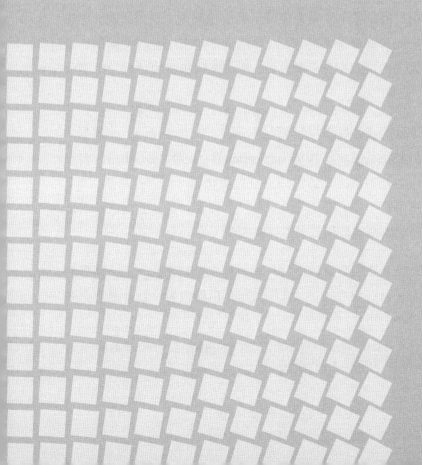

你明白了嗎？[1]

甚麼是"學習"？

大部分教師在教導學生時都會問"你（們）明白了嗎？"所以在教師的心目中，"明白（理解 understand）"是學習過程的一個重要性質。

2001 年 6 月，香港課程發展議會（2001）發表了課程改革文件《學會學習：終身學習，全人發展》，開宗明義提出："我們的主導原則是要教導學生學會學習，促進他們獨立學習的能力，達到全人發展和終身學習的目的。"這十多年來，至少在兩岸三地教育界人士的話語中，"學習"一概念受到相當的重視，可是，甚麼是"學習"呢？

一位教師談起自己的"學習"時說："當我上學時，我們學了很多，但幾乎甚麼也不理解（understand），一點也不明白。自己所學的東西跟課室之外的世界沒有甚麼聯繫。簡直是浪費！"這位教師說得對：知道並不等於理解，知識淵博亦不必然意味着所知對自己的生命有任何真正用途或價值。

當我唸大學的時候，不只一位教授在唸他們的筆記，同學們在寫筆記。當時我在想："這些內容我也懂得看，為甚麼要勞煩

---

1 本文參考了黃顯華、霍秉坤、徐慧璇：《現代學習與教學論：性質、關係和研究》，北京：人民教育出版社，2014 年版。

他去唸出來？同學們這樣子記錄，雙方好像在錄音，分別扮演播音機和錄音機的工作——這樣便是學習嗎？"

正如筆者在〈序言〉內提到：當我唸大學的時候即已反思學習的性質，深感師生雙方不應分別扮演錄音機和複印機的角色。〈序言〉亦提到巴西一位著名教育家 Paulo Freire，他提倡"提問教育 (problem posing education)"：主張師生之間應通過對話來學習；教師不再只是教導者，通過對話，他們和學生們一起學習和成長。

甚麼是"明白 / 理解"？

不少學者都曾提出"明白 / 理解"一詞的定義。美國督導與課程發展協會認為該詞有六方面的內容：

- 解釋（explanation）——說明為甚麼要做這些，提出理由和理論，加以解釋。
- 闡釋（interpretation）——對有關內容能提出比喻、講故事、模擬，釋出背後意思，解釋意義，尋找意思和意義的規律。
- 應用（application）——解決問題，把它應用到新的情境，試圖有所創新。
- 觀點（perspective）——從不同角度看事物，用不同方法、遠距離看事物。
- 同理心（empathy）——從別人的角度看世界，設身處地，理解別人的生活、文化、感覺；想像如果身處相同情境會有甚麼感覺。
- 自覺知識（self knowledge）——清楚自己所知與不知，了解自己的偏見，能自我評鑒，有自我榮譽感，知道自己如何理解。

雖然上面提出了"理解"的六方面，但事實上它是很難分層次去檢視的，而應整體去理解；"理解"不是要"形式上完成"內容，而是要"深入地展現"真相（not cover, but uncover）。

有學者指出"理解"具有以下特徵：個人能掌握相互關聯的事實和關係所構成的複雜網絡，並能運用它們解釋和預測現象。它包含運用知識和把知識適當應用於多種情境的能力。這是現行通識教育科的理想，即融會貫通知識的能力。

綜合來說，"理解"是將一點一滴的知識織成連貫的整體，從而發現這些知識的模式、聯繫、關聯和關係的能力；它亦是把這些知識、概念和技能闡明並應用於新問題或情境的能力。

為甚麼要明白／理解？

幾乎所有人都同意學生需要對所學有所明白和理解，而不僅記憶事實和數字。商業領導者都支持這樣的目標，因為要在不斷變化、技術迅速發展的時代獲得成功，下屬便需要知道如何學習和思考。政治家亦總是聲稱民主社會的公民不應惟命是從，而應能批判地分析信息及觀點，以便作出合理和負責任的決定。過去十年，學習理論已經證明學生並不能從教導式教學中記住或理解得很多。為了理解複雜的思想和探究模式，學生必須邊做邊學，積極改變自己的想法。各學科的教育家頒佈的新課程標準均要求學校關注學生的概念發展、創意思維、問題解決及論據建構的能力。與此相仿，測試學生記憶孤立信息的多項選擇題亦受到新評估標準的排斥。主張評估應與學習結合的學者們推薦使用更真實、更深入、更基於表現的評估方法，並跟教學結合起來。

以理解為目標的教學

"以理解為目標的教學"不是一種教學方法,而是一個整體的大方向。只要有助理解,任何合理的策略都可以。很多方法都可以有助理解,而教師可以運用各種方法。

1. 焦點問題

焦點問題(focused questioning)指瞄準一個具體目標的問題。目標要因應教學階段及理解的本質而調節。焦點問題和推論的必要條件是:必須有相關的、便於使用的先備知識,不然就要提供或建構;必須明瞭關係或者建構關係。

2. 強迫性的預見

預見(prediction)可迫使學習者關注信息,為信息加工,並留心能夠作出預見的模式和關係。理解是響應問題的先決條件。如果已掌握了模式,細節便可以刪除。一般來說,真正重要的是模式、關聯和關係。

3. 認知上的鷹架

認知上的鷹架(scaffolds)是引導心智過程的架構。焦點問題起到了協助的作用,這種問題的目標是刺激對提出問題時相關因素的思考。往後的問題又重新聚焦,需要在心智上處理眼前的新認知任務。

4. 追尋意義

知識的量和質並不相同。人們可能知識豐富，但意義匱乏。理解就是為原本零散的信息賦予意義。理解是值得追求的目標，它能夠將混亂的心智世界簡化成為一種更可預見、更令人滿意的狀態，同時亦能夠協助進一步學習、回憶知識，使響應（特別是在新情境中的回應）變得靈活恰當。

結語

達到明白和理解，是學習過程中必不可少的一種性質。

若要讓"以理解為目標的教學"這個新概念得到廣泛接受，就必須將注意力集中在協助教師改變慣常的工作方式上。專業發展的新嘗試表明了教師與研究者彼此協作的重要性，並有必要運用實踐與反思的循環往復來改變教師的做法。此外，教師的轉變需要長期和不斷的努力，並需要得到多方面的支持，包括互動多媒體科技。科技系統要建基於建構主義的概念：通過提問並使用不同資源（包括學生及教師的錄像、錄音及文字記錄等）來回答問題，掌握教學及學習上的新思維，並處理執行上的問題。這些系統是為合作運用而設計的，包括鷹架式（scaffolding）學習。

現在學校對學生和教師的典型期望和規範，都以細緻而明確的方式限制了"以理解為目標的教學"。假如缺乏同事或行政人員的支持，教師在實踐上便受到根本的限制。"以理解為目標的教學"跟行政人員所習慣評估和監督的那些教學和學習活動不同，它要求教師自己成為學習者，不斷觀察自己的實踐，更新自己的內容知識和教學法知識。可是在現有規範下，作為專業成長和責任的中心假設，"需要改進"是教師評估表上的污點。教師如何能夠承認他們需要更多知識，並願意暴露他們教學法中的不確定因素呢？

怎樣才算投入學習？[1]

不少人包括教育學院的導師往往選擇坐在課室的後面，以觀察老師在課室的教學（即所謂觀課），或視導學生的學習（即所謂視學）。這樣的觀察角度只能夠看到學生們的背部，對了解學生的學習和教師的教學效果往往有所限制。我建議觀課或視學時應該坐在課室前面的左側或右側，使觀察者可以觀察到學生的學習狀況，特別是學生對學習的投入程度。

世界各地的教育家都非常關注學生不投入學校生活和學習的問題。"不投入"被認為是導致學生成績低落和逃學等的主要原因之一。有學者指出，約 25% ~ 66% 的學生被認為是不投入的。

投入的三種方式

投入的本質屬多面性，可分三種方式：行為投入、情感投入、認知投入。

我們去吃東西，是為行為投入。如果那個人喜歡吃，沒有厭食症的表現，是為情感投入。進食後把食物吸收成身體的一部分，把對身體沒用的東西排出體外，能夠消化吸收，沒有消化不良表現，從某一角度來說，可算是認知投入。

1　本文參考了黃顯華、霍秉坤、徐慧璇：《現代學習與教學論：性質、關係和研究》，北京：人民教育出版社，2014 年版。

行為投入主要是在學術、社交或課外活動方面的參與；情感投入包括對教師、同學、課業和學校的正面或負面的反應；認知投入體現在深思之後心甘情願地付出努力，目的是理解複雜的思想、掌握高難的技巧。

行為投入通常有下列各種不同的表現：首先是是否遵守學校規則和班級規範，有沒有擾亂秩序的行為，如逃學、惹禍等；其次是對學習和課業的投入，包括有沒有刻苦學習，能否持之以恆、精力集中、專注課業、提出問題、參與課室討論等；最後還包括對學校相關活動的參與，例如運動會或學校團體等。

情感投入指的是學生對課室活動的情感反應，包括有否感興趣、厭倦、高興、悲傷和焦慮等。有些研究者通過測量學生對學校和教師的情感反應來評估情感投入，也有把情感投入概念化為對學校的身份認同和歸屬感。

認知投入包括自律和講究策略。認知投入概念包括對解決問題的靈活性、對困難課業的思考，以及能否積極應對失敗等。講究策略的學生都會運用認知策略來計劃、監管和評估自己的認知。深度和表面的策略運用之間有本質區別。運用深度策略的學生在認知上更加投入，他們投入更多的心智努力、在各種觀點之間創造更多的關聯，並獲得對觀點的深層理解。上一文探討"你明白了嗎？"便是探討教師如何引導學生明白和理解所學，即解釋、闡釋、應用、觀點、同理心和自覺知識六方面。

認知投入似乎跟學習的關聯最為緊密，雖然研究也表明，認知投入或許需要行為投入和心理投入的協助。

大專學生投入程度反而較低？

談及大專學生投入學習，美國 NSSE（National Survey of Student Engagement 全美大學生投入程度調查）的研究極具代表性，也是最全面的調查。NSSE 每年都收集很多數據，主要是關於本科生經歷幾個重要範疇的數據。學院和大學運用這些數據來提升學生的學習水平。NSSE 的問題都跟學生的校園經驗有關，主要關注五方面的活動。經研究驗證，這些活動都跟大學所期望的結果有關聯，當中包括學術挑戰的水平、豐富的教育經歷、主動和合作地學習、學生教師之間的互動、良好的校園環境五大範疇。

NSSE 於 2001 年報告總結該計劃頭兩年的研究，數據包括了470 所不同大學的十萬多名一年級和四年級學生的資料。雖然學生的經歷差別很大，但研究發現卻支持一些結論。儘管規模較小的學院的學生通常比規模較大的學院的學生更加投入，在規模相若的學校，學生投入的基準卻不同。學生在教育活動上所花的時間跟教師認為他們應該在學業上所花的時間存在着較大差距，這一點令人擔心。其實，幾乎所有學生都說他們偶爾會在課堂上提問，大多數學生（90%）偶爾跟其他同學合作進行專題研習。三分之二的四年級學生參與了社區服務和義務工作，72% 的學生參與了實習。然而，令人失望的是，約有五分之一的學生說院校不重視學生的學習，也不注重他們在學習上所花的時間，45% 的學生從來也沒有跟教師在課室外討論過課堂或閱讀中出現的觀點。

影響學生的學習投入的因素眾多，而且不少學者也花工夫處理這些問題。整體而言，家庭、社區、文化和教育脈絡都影響學生的學習投入。

情境因素是影響學生學習投入的重要因素，筆者會從學校和家庭兩方面進行分析。學校因素特別是課堂教學，是我們作為教育工作者可以改變的因素；而家庭因素，則是作為教師無能力改變的因素。

研究證實了師生關係、學業特徵、學校紀律等學校環境因素對學習投入有着重要的影響。學校生活中影響學生學習投入的因素主要是同伴團體因素、教學因素和學校因素。師生關係是影響學生學習投入的重要因素。正面的師生關係與學習投入有顯著的關係，尤其是情緒投入。同伴的影響力，尤其是同伴對高投入所展示的認同感，這些都突顯同伴對學習投入的影響。

教師宜因時制宜，豐富教學實踐

探討教師支持對學生認知投入影響的研究愈來愈多，這些研究結果均強調教師將學術和社交支持結合起來的重要性。

學習特徵也對學生學習投入影響深遠。大學教師宜運用主動和合作學習策略，使學生投入學習經驗之中，在課室內強調高階認知活動，跟學生互動，從學術上挑戰學生，並珍視豐富的教學實踐。當一所院校擁有以上學習特徵，其學生的投入程度和學習水平必然較高。課業具下述特點有助增強學生在課室的學習投入：1. 真實；2. 為學生提供機會，讓學生對執行和評估行使自主權；3. 提供合作的機會；4. 容許多種形式的才能；5. 比較有趣。

自主學習的一些疑問[1]

近年來，"自主學習"這一概念和實踐受到內地和香港教育界的關注。教育局最近倡導關於學與教的策略，"自主學習"是其中一個熱門課題。其實，這概念在歐美已討論了一些日子，華人社會和歐美各地對此有不同的理解。本文首先討論華人社會，特別探討內地對此概念的實踐。

杜郎口中學：內地自主學習先驅

內地以杜郎口中學最先倡導自主學習，該校甚具名氣。它提出的一些理念，頗符合某些教育學觀點，例如——

1. 教育理念：以人為本，關注生命。

2. 教學宗旨：快樂學習，幸福成長。

3. 課堂主題：人人參與，個個展示，體驗成功，享受快樂。

4. 教學意圖：激活思維，釋放潛能；自主學習，個性發展。

5. 培養目標：自主自信、自強不息的性格；勇敢有為、探索創新的精神；團結合作、服務奉獻的品質。

---

1 本文參考了黃顯華、霍秉坤、徐慧璇：《現代學習與教學論：性質、關係和研究》，北京：人民教育出版社，2014 年版。

6. 教學要求：教是為了不需要教，由一個人的積極性，變為幾十個人的積極性；把學習變成學生自己的事情。

7. 教育目的：教育不是把已有的知識儲蓄到學生的頭腦裏，而是把學生的創造力誘發出來，學知識是為了長智慧。

自主學習這個教育理念的內容和主張相當具吸引力，例如——

1. 學案導學的教學模式應該充分體現教師的主導作用和學生的主體作用。教師主要做學生學習的組織者、支持者和評價者，引導學生的積極思維，培養學生的創新思維和創新能力。

2. 在教學過程中，教師應該面向全體學生，對所有的學生應一視同仁，切忌諷刺、挖苦學生，為所有的學生創設一個表現自己才能的舞台，讓每一個學生都能夠發展。

3. 要做到教與學的和諧發展，就應該把教師的導和學生的學貫穿於整個教學的始終。切忌顧此失彼，把整個課堂變成教師的一言堂，或教師放任自流，變成"放羊式"的教學。

4. 教師應該採用多種教學方式和先進的教學手段。一方面，能讓學生在課堂上即時鞏固所學的內容，最大限度提高課堂效率；另一方面又能激發學生學習的興趣，提高教學的實效性。

看完上述的"應該"後，不少人會進一步問："那該如何去做呢？"要具體實踐，特別是放到香港的教育脈絡中的效果又會是怎樣？

杜郎口中學自主創新的"三三六"模式，即課堂自主學習的三特點：立體式、大容量、快節奏；自主學習三大模塊：預習、展示、反饋；課堂展示的六環節：預習交流、明確目標、分組合作、展現提升、穿插鞏固、達標測評。預習中的導學案是其中重要的一環。

不過，筆者有機會參觀一些聲稱開展杜郎口中學式的自主學習的課堂。在整個過程中，教師設計了大量的測評活動，學生被這種外在評估測試主導了他們的學習。這種課堂究竟有多少自主學習性質，是值得探究的。筆者認為：自主學習有兩個重要條件——一是動力，即是學習動機；二是能力，即是學習方法。我們可以思考，杜郎口模式對這兩方面有哪些貢獻呢？

香港在自主學習的表現如何？

對於香港不少的中學生來說，經過差不多十年的學校生活（三年幼兒園，六年小學），學習的內在動機已經下降了不少。而他們的學習能力和方法亦非大部分學校努力的方向。

筆者等人在 1996 年發表了《九年免費強迫教育研究報告》，其結果顯示，**香港學生由小學三、四年級開始成績下降，表現出顯著的學習挫敗感，年級愈高問題愈嚴重，學習動機的下降亦愈明顯。不少學生從小學二、三年級開始在中文、數學、英文三門主要科目的學習上已遭遇困難，失去學習興趣，不喜歡上課。有小部分學生甚至在小一時已開始面對上述的不愉快經驗。**

黃毅英等（1998 年）在一個有關學生數學學習的研究中發現，學生年級愈高，對數學的興趣就愈低。李子建等（1997 年）的香港躍進學校研究及發展計劃對全港 50 間中小學小四至中三學生進行問卷調查，結果同樣顯示，**學生在校學習情況、自我觀和學校生活情況等各項平均值都隨學生年級的增高而降低。**

而杜郎口中學有這樣一條規定：沒有預習的課不准上，同樣，沒有預習好的課也不能上，預習的時間至少等同課堂的百分之七十。

不用調查研究，很多以教授第三級別學生為主的教師都會告訴你，一般要求學生們做的功課，他們都不會做好。假如要求他們"沒有預習的課不准上，同樣，沒有預習好的課也不能上"，他們的課堂還能正常進行教學嗎？

其實，無論是否進行自主學習，上述兩個重要條件——學習動機和方法——都是學習的必然條件。

教育局檢討無疾而終，對長遠發展無好處

課程發展處借鑒 1997 年教育委員會的《九年免費強迫教育檢討報告》，總結出宜盡早關注學生學習上的差異，遂於 2000 年開始，聯同多個專上學院顧問團及 14 間小學，進行一個為期三年、共五個項目的"個別差異"發展及研究計劃。筆者和多個同事參與"一個都不能少：小學生在中、英、數三科學習動機與模式"發展與研究計劃，並於 2002 年在台灣出版《一個都不能少：個別差異的處理》一書。2003 年在上海推出簡體字版，整體內容是探討學習動機和方法。

很可惜，在教育當局出版中期報告後，上述計劃便完全沒有了跟進工作來檢討五個項目的得失，及在此基礎上作出推廣以處

理恆久要解決的問題。其後教育當局又以其他方式提出一些處理個別差異、合作學習、自主學習等的計劃。到近年，內地有甚麼時興／髦的學習計劃，香港教育當局好像也沒有作出全面分析便東施效顰。這樣的處理對本港教育長遠的發展並無好處。

教學舞步：教與學的差距和配合[1]

在教學的文化中，一般教師認為學生應該學會課堂上所講授的知識，如果沒有學會，問題必然出在學生身上（例如他們的能力不足、動機不夠、缺乏毅力），而不會是因為講授的無效。

響應式舞步——師生互動教學

其實，教學並非教師單方面的活動，而是教師的教導和學生的學習雙方面配合而成的。

在教學過程中，教師不僅應該掌控學生對某個概念的理解程度，還需要時刻留意和響應學生應答中的細節，就像默契十足的舞蹈夥伴之間彼此響應一樣。故此，以響應式舞步（responsive choreography）比喻師生間教學的互動最為貼切，因為它將學生和教師之間互相促進教學，恰如其分地描繪為進行微妙的、互為主體的舞蹈。

教師很少達到響應式舞步的理想狀態。一般教師偏重於學生對知識的記憶和掌握，而忽略了他們的理解和反應。如果教師能夠和學生建立夥伴關係，可以大幅提升學生的學習程度，遠勝於

---

1 本文主要參考 Oser 和 Baeriswyl 合著的 "Choreographies of Teaching: Bridging Instruction to Learning" 一文，該文刊登於 Richardson, V. 於 2001 年編輯的近 1,300 頁的 *Handbook of Research on Teaching* 一書（由 American Educational Research Association 出版）中，並參考了黃顯華、霍秉坤、徐慧璇：《現代學習與教學論：性質、關係和研究》，北京：人民教育出版社，2014 年版。

缺乏響應式舞步的課堂。

響應式教學舞步嘗試描述師生互動的複雜性和細微差別。具體地說，它試圖捕捉教師自己的安排並評估學生學習的效果，以及告訴學生如何在後續課堂架構和策略中融入教師希望他們理解的新知識等。響應式教學舞步建議教師應調整教學取向，即先考慮學生及其學習，再考慮課程。通過對學生的學習進行持續循環評估，教師掌握及監察同學們的學習狀況，從而設計出具備個人課室特質的課程。如果教師的教導能力未見進步，不關注學生，而只關注人為的、外在的標準和時間框架等因素，則學生雖然有能力但未見進步。

教師需要一定的洞察力，以掌握微妙的語言和非語言線索，回應問題的細微差別以及評估學生的學習需要。教師需要進行長時間的實踐，才能具備這些能力。

實施響應式教學舞步的四種基礎：

第一是建構主義，即教師應該持續而積極地設計刺激學習的藍圖；

第二是教師了解學生學習時頭腦內部的活動或操作所持有的信念；

第三是成功的舞步式教學計劃（相互關聯的教學步驟）可以通過最終的表現來測量；

第四是區分積極的教學（專家教學）跟非專家教學之間的差別，前者搭建有利於兒童學習的鷹架（scaffolding）。

教導—學習過程處理的問題

根據響應式教學舞步，我們可把教與學分為：1. 可見或視域架構（sight structure）；2. 內部的、看不見的建構活動創造條件，即學習過程本身或心智活動，可稱為學習的深層架構（基本模式）（basis-model）。Oser 和 Baeriswyl（2001, 頁 1032）主要探討教導—學習這兩個方面的結合以及學生的學習過程，即是教導和學習的舞步（choreography）。

"看得到的架構" 或視域架構，就是教師教學活動的具體順序。學生在學習過程中，必須根據適當的心智程序來經歷認知過程，即 "基本模式"。

多數教師只看到可以看得見的活動（學習的視域架構），而忽略了更為重要的問題——學生頭腦中發生了甚麼（基本模式）。箇中原因是：

第一，學習已經成為大量生產的東西，故教學重點被放在跟全體學生有關的問題，而不是學生個人的內部活動；

第二，定義學習條件比定義學習本身要簡單得多；

第三，準老師在接受教師培訓時被強化了課堂是 "重壓之地" 的信念，以至不重視內部學習；

第四，教師缺乏機會重複每個細微的教學行為來積累經驗、避免有問題的課堂行為，忽視學生的內部學習；

第五，教師將教學定義為知識的傳遞，他們對這個概念深信不疑並加以延續。教學被視為講解的藝術，而學習則被等同為複製知識。

學習的深層架構

學習者在學習時反覆經歷一系列的活動：在要素之間建立關聯、比較、持續搜尋、尋找解決方案等。在這個過程中，學習者的內心活動才是學習成效的指標和決定性要素——學習並不是資料的累積，而是認知機制的轉化。

根據假設，外部活動刺激心智（也就是內心）活動從而構成教學。這兩類活動之間的張力就是一般教與學之間的關鍵問題。

舞蹈者必須能夠結合自由和局限來獲得自己所希望的表達方式。Gage 以《教學藝術的科學基礎》[2] 一書，展現這兩方面互相配合的奧妙。

2　N. L. Gage, *The Scientific Bias of the Art of Teaching*, N.Y.: Teachers College Press, Columbia University, 1977.

學習問問題、從問問題中學習 [1]

超過十年了，"We may never know the answer if you don't ask the question" 這句格言一直掛在我辦公桌的旁邊。

約 15 年前，我買了一本名為 "Learning to question, questioning to learn" 的書。書名非常吸引，內容更精彩。

書內把 "QUEST" 一字演繹為："Question for Understanding, Empowering Student Thinking"。問問題的目的不在於評價學生是否答對一些記憶性的問題，而在於促進學生的思考。

從 Paulo Freire 到不再 "教書"

上世紀七十年代初看過巴西著名教育家 Paulo Freire 一本名著 *Pedagogy of the Oppressed*。他極力反對銀行式的教育（banking education），而主張提出問題的教育（problem posing education）。他認為應該通過對話改變教師高高在上，學生被壓在下面的關係。他認為沒有人有資格教別人，而是應該通過師生的互動，兩者共同成長。

1973 年我開始在金禧中學任教經濟與公共事務科，和石鏡泉一起不用教科書，而是廣納多種材料設計出不同主題和問題的工作紙，資料來源包括各種雜誌、書籍、政府出版的刊物、《華僑

---

1 本文參考了黃顯華、霍秉坤、徐慧璇：《現代學習與教學論：性質、關係和研究》，北京：人民教育出版社，2014 年版。

日報》和《文匯報》兩份不同立場和觀點的報章。學生們在課堂內通過閱讀上述資料，繼而進行討論。七十年代沒有電腦，沒有影印機，老師單靠寫蠟紙和自行找資料去預備教材，難度實在相當大。但學生卻學得開心，這樣的教學真的很痛快。

師生與"學"問之間

教師與受教者之間似乎存在着一種不成文的約定："提出問題的人——教師——尋求的不是知識；而尋求知識的人——學生——提不出問題。"

不同教育階段和不同脈絡的研究都一致表明，學習者一般都避免提問，而且學生的年級愈高，他們所提出的學業問題也就愈少，這也是大家都知道的事情。

學生似乎並不想引起別人對自己的注意。在課堂上提出問題經常會產生暴露自己缺點的感覺，使自己處於劣勢。

研究表明學生較少提問的另一個原因，是教師常常不喜歡甚至禁止學生的提問。有的研究則發現，學生有了問題寧願問其他同學，也不願問自己的教師。

1912 年，美國一項研究發現，教師提問的數量驚人——每天提問的次數多達 395 次。而絕大多數 (約有三分之二) 的問題需要死記硬背才能回答，學生只需要背誦課文材料上的信息就夠了。100 年過去了，期間大量相關的研究發現，現在的情況似乎跟 1912 年的觀察沒有多大分別：教師在課堂上仍然堅持提問較低層次的、以記憶為取向的問題，很少要求學生進行反思性的、創造性的或者批判性的思考。

提問的本質

有學者為有效的教師提問實踐提供了十條建議，分別是：

為課堂架構和教學方向設計關鍵問題；

問題的表述必須清晰、具體；

問題要符合學生的能力水準；

提問時要注意邏輯性和順序；

提出的問題應適合不同的層次；

及時跟進學生的回應；

在學生回應時要給予他們充分的思考時間；

運用能夠調動更多學生參與的問題；

鼓勵學生提問；

仔細傾聽學生的回應，並進而通過提問來揭示學生思想的指向標。[2]

研究有效問題實踐的文獻一致認為，**問題的順序**對促進學生理解的有效性遠勝過問題的種類。

問題順序指的是一連串**按認知發展先後順序排列的問題**，和一系列能促進學生解釋、驗證、支持和重新定向自己回應的問

---

2 參見 Marylou Dantonio and Paul C. Beisenherz, *Learning to question, questioning to learn: developing effective teacher questioning practices*, MA: Allyn & Bacon, 2001, p.36。

題。問題順序的潛能在於有助學生投入教學對話，並加強、加深學生對課程概念的理解。這樣的問題順序是問題有效實踐的關鍵特徵。

在傳統課堂上，教師提問的主要目的是**評價學生對知識的掌握程度**，而建構主義取向或探究取向的課堂提問的本質卻顯然不同。在這樣的課室內，教師希望刺激學生**進行思考、鼓勵他們就先前的答案和觀點進行詳述**，並幫助他們建構概念知識。因此，提問的目的是**辨明並拓展學生的觀點**，促進學生思考。這樣的問題是開放式的，通常都需要一至兩句的答案，教師鼓勵學生發展較高的抽象思考能力。

鷹架式提問模式

搭設鷹架創造了提問模式——發展核心問題的序列架構，指引學生從一種類型的認知活動轉向另一類型的認知活動，直到整個認知活動結束。鷹架就像藍圖一樣，可以使技能運用的程序變得更加清晰。在建構問題模式時，鷹架就是核心問題的句法架構，它代表了認知活動的每一個變化，學生在認知活動中可以遵循這些步驟。

例如，如果研究者想要學生區分兩種文學形式的關鍵特徵，如史詩跟莎士比亞十四行詩，那麼核心問題模式或者鷹架的形式就可能是——

觀察：對於史詩和莎士比亞十四行詩，你們注意到了甚麼特點？

回憶：對每個體裁的關鍵特徵，你們能想起甚麼？

比較：它們有哪些相同之處？

對比：它們的不同之處在哪裏？

在這個例子中，研究者將思考的過程依次排列為觀察、回憶、比較和對比，目的是為了使學生通過必要的思考來分辨兩種形式的文學體裁。**首先**是觀察，觀察的目的是讓學生運用自己的觀感來收集關於每種詩體的關鍵特徵。**其次**是回憶，目的是讓學生回憶他們已知的信息，這些信息只憑觀察無法獲得。**第三**，研究者要求學生比較這兩種詩歌的體裁，目的是為了讓他們理解，詩歌之所以成為詩歌，一定包含必要的關鍵特徵。**最後**，由於研究者的最終目的是讓學生區分史詩跟莎士比亞十四行詩兩種詩歌形式，所以就讓他們決定存在哪些不同。相反，如果研究者的目的是讓學生形成詩歌的概念而不是分辨兩種詩歌形式的特徵，那麼研究者就會掉轉比較和對比兩個核心問題的順序。

結語

長期以來，**問題的產生都被視為學習過程的要素，不僅有利於理解，而且有助於問題的解決和推理。**研究表明，在大學生中實施促進深層推理問題產生的策略和知識獲得的策略，相對而言較為容易。如果學生能夠提出較好的問題，那麼他們的理解、學習以及對材料的記憶等也都能得到提升。

研究已經表明，**教師對學習的投入程度會影響學生的學習和成就。學習是一條雙向的街道：教師學得越多，學生學得也就越多；學生學得越多，教師也就需要學得更多。**指導者做甚麼，學生也就跟着做甚麼。作為教師，如果我們想要學生發展某種思考行為和意向，或者某種思考習慣，我們自己必須自覺地、有意識地努力展現或展示這些行為、意向或習慣。如果我們想要學生把學習視為一個過程，那麼我們必須理解，教學也是一個持續的學習過程。

生產型態和學生個別差異的處理[1]

差利的摩登時代和 TSA

1936 年放映的《摩登時代》中，差利‧卓別靈飾演工廠的小員工，每天重複着枯燥乏味的工序，對着冷冰冰而刻板的機器，行屍走肉般活在工業起飛的年代。長長的生產線上，站着行為一致的機械操作員，他們的眼神空洞，面上無光。瘋狂上螺絲成為慣性行為，過分投入生產鏈（每人長期重複一個工序）導致精神失常。這部電影反映出工業化引起社會疏離和機器泯滅人性的境況。

歐洲工業革命催生出現代社會運作模式。這個模式建基於消耗大量能源的機器，以推動龐大的運輸系統、使用更精密的科技產品、調配極端細分的工序，同時衍生了更複雜和更分化的人事管理架構。

工業社會亦同時發展出"現代"學校教育制度。學校是工廠，班級是統一的生產線，學生和教師被放置在這條生產線上，而一律的教科書則是共同的生產投入。香港目前實行的 TSA[2] 是檢查

---

1 本文參考了黃顯華、霍秉坤、徐慧璇：《現代學習與教學論：性質、關係和研究》，北京：人民教育出版社，2014 年版。

2 據教育局網上（www.bca.hkeaa.edu.hk/web/TSA/zh/Introduction.html，瀏覽日期：2017 年 12 月 22 日）的說明，TSA（Territory-wide System Assessment 全港性系統評估）是全港統一執行的評估。此評估提供客觀數據，讓學校了解學生在第一至第三學習階段完結時（即小學至初中）其中、英、數三科的基本能力，用作促進學與教。"全港性系統評估"的評估總結報告及學校報告，提供資料讓學校及教師具體地了解學生在基本能力方面的強項與弱項，從而優化學與教的計劃。另一方面，政府會根據評估資料，為學校提供適切的支援。

產出的機制。所謂個別差異並不是工廠式學校制度可以根本解決
的課題。

個別差異和拔尖保／補底

處理學習差異的時候，內地、台灣和香港社會偏重於處理
"差"（即成績的高低），而忽視處理學生的"異"（即學生能力和
能力傾向的不同）。

從工業革命至 20 世紀初期的"效率風潮"，學習被定義為按
照事先設定的路徑（即上文所說的生產線）加速前進，而這條教
育路徑的目標則根據一套固定標準所設定。在這一框架中，教育
者傾向於把"差異"視為"偏差"，尤其關注學生不符合既定標準
的情況。教師通過特定的機制來記錄並處理差異，例如 TSA、
IQ 測試、追蹤測試、標準化測試以及學習差異測試等。這些機制
都是為學校這架"篩選機"加油。一般人倡議的"拔尖保／補底"
也只處理"差"，而沒有試圖處理"異"。這種觀點可稱為傳統觀
點，也是大眾普遍接受的觀點。

另一方面，進步主義教育家一直把學習定義為發現的進程。
這一進程"始於學習者所在的位置"，學生基於個人的條件、按
照自己的速度、運用自己的方式，通過學習來"探索自己的思想，
並嘗試更深入地理解這些思想"。從這種觀點來看，"差異"指的
是學生在進行發現、分析及其他個人或集體探究活動的過程中所
採用方法的"多樣性"。整個意念強調個人發展，並不重視和別
人比較。

由篩選到普及學校教育制度

香港由篩選學校教育制度（即很多人讀小學，較少人唸中學，極少人可以有機會進大學），轉變為普及學校教育制度（即全部青少年都要入學就讀，升讀大學的機會亦大增）。擁有聽話、記憶力好、安靜、勤力等特點的學生，特別適合篩選制度，故此可以在制度下生存；那些有具創意、喜探究、善交流等特點的，則較大機會被制度所淘汰。

由篩選制度培養出來的教師，以及在普及教育制度下以篩選教育性質的課程培養出來的學生，自然難以與多元化的學生相融合和適應。

筆者 1996 年替香港教育委員會進行的九年免費強迫教育研究所得結論簡述如下：

從整體學習及個別學科學習發現，學生通常在小學三至四年級開始出現學習困難，學習興趣亦同時下降，亦有部分學生早在小學一、二年級就開始感到學習困難；

學生認為他們學習有困難，除了學生本身的問題外，主要與教師在課堂學習及測驗考試中的要求有關；

學生對上學、上課、做功課及升學的態度，說明他們基本上有學習興趣，而他們的學習興趣降低與他們所遭遇的學習困難有很大關係。

為了回應上述問題，課程發展處在 2000 年至 2003 年撥款資助五個機構（香港中文大學、香港大學、香港教育學院、香港公開大學，以及課程發展處）分別進行"個別差異發展及研究"。可惜，在中期報告發表了這些發展及研究結果後，並未見課程發展處進行任何針對性的後續工作。

農、工和服務業不同生產型態下的處理

現實中，每個人一出生已經擁有很不同的品賦，往後他們所處的環境和際遇就更為不一樣。先天和後天交互影響下，每個人的能力、能力傾向、志趣都各有不同。離開學校後，他們的工作性質、種類、級別等更是千變萬化。而學校卻要求所有學生在某一標準下看齊，像在統一的生產線上生產，這跟入學前和結業後的多元化狀況和環境並不配合。這真是極其怪異的事。

農業生產下，不論是哪類種子，農夫們只要把它們放進適合發育的土壤裏（所以農夫的翻土工作是很重要，教師們怎樣提供空間讓學生們動腦同樣非常有價值），並提供足夠的陽光、水分、空氣、養料……無需加以控制，而讓它們自由成長。

當社會轉化為服務資訊科技生產型態，我們希望學習者能從多元角度看事物、具創意、能解決問題、隨機應變……

華人社會目前所有標準化、工廠式的學校教育制度只有約一百年的歷史，我們實在不應視之為永恆不變的，而是需要配合社會生產型態提出改革。目前的工廠式教育制度偏重差而忽略異，所有處理個別差異的方案都只是緣木求魚吧。

從孔孟到郭靖：

中國名人的學習觀

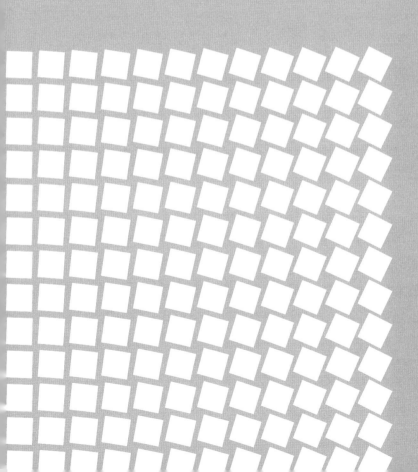

以現代教育概念看孔子的學習觀[1]

筆者嘗試運用香港教改和現代教育界的一些概念分析和評價孔子的學習觀念。這些概念包括樂於學習、學會學習（學習方法）和終身學習。整部《論語》中描述學習方法的篇幅最多，包括：實習踐行的重要性；通過問問題學習；反省性學習；社羣性學習；注重先備知識；結合思考、學習和行為以求自主學習；注重學習的完整性；重視自覺知識和後天努力；從不同觀點、角度，用不同方法來理解同一件事物。

樂於學習

《論語》最直接表現孔子樂於學習狀態的有：

〈雍也〉中孔子說："知之者不如好之者，好之者不如樂之者。"

〈公冶長〉中他說："十室之邑，必有忠信如丘者焉，不如丘之好學也。"

還有一段更為可愛的對話，記載在〈述而〉裏："葉公問孔子於子路，子路不對。子曰：'女奚不曰，其為人也，發憤忘食，樂以忘憂，不知老之將至云爾。'"葉公向子路詢問孔子的為人，子路可能不知道葉老葫蘆裏賣的甚麼藥，也可能是對孔子這樣偉大的人不好簡單評價，故而沒有作答。回來後孔子對他說："你怎麼不說，他這個人啊，發憤學習時忘記吃飯，高興起來就忘了

---

1 本文為作者與曾國良合寫。

憂愁，連自己快老了都不知道。"

〈泰伯〉："子曰：'學如不及，猶恐失之。'"這就是孔子所追求的是正確的學習態度——"求學就好像追趕些甚麼，總怕追趕不上，學到了又怕把它忘掉"。他理想的學習態度是"學而不厭"（〈述而〉）。由此可知，孔子表現出一種永不衰竭的樂於學習的精神。

〈學而〉："子曰：'君子食無求飽，居無求安，敏於事而慎於言，就有道而正焉，可謂好學也已。'"在孔子看來，好學之人要分離"學習"與"物慾"，學習的目的也不是為了榮華富貴，而是為了成為"有道"之人。而"有道"便是找到"學以治世"的道，使他樂於、醉心於學習。他是帶着問題來學習的，所以孔子是體驗"解難為本學習（problem based learning）"的人。

學會學習／學習方法

實習踐行的重要性

〈學而〉："學而時習之，不亦說乎？"這句話所闡釋的從"學"（學習）到"習"（實習）的過程，正是一種從理論到實踐的過程，即從思想到行為的一種歸依。學到知識之後有時間有機會在實踐中去用上它、驗證它並完善它，不正是值得快樂的事嗎？〈公冶長〉："子路有聞，未之能行，唯恐有聞。"子路所擔心的，就是"當聽到每一句道理，如果還來不及實行這句道理，就很怕再聽到新的道理（因為將更無法實行）。"〈憲問〉中孔子講到："君子恥其言而過其行。"即立言必須以自己能否實踐為標準，不可以不負責任而放言高論。

通過問問題學習

孔子説："敏而好學，不恥下問，是以謂之文也。"(〈公冶長〉)又説："入太廟，每事問。"(〈鄉黨〉)這兩句話都是每個好學的人的座右銘。孔子認為，勇於向人請教，才能學到更多的知識；即使是學問不如自己的人，或身份比自己低下的人，也有其優點和長處，值得我們虛心地向他們請教。

〈子張〉："子夏曰：'博學而篤志，切問而近思，仁在其中矣。'"我們要廣泛學習並且不停地朝着目標前進，認真地提出問題並且聯繫實際去思考，便可以達到仁的境界了。

〈泰伯〉："曾子曰：'以能問於不能，以多問於寡；有若無，實若虛，犯而不校。'"有能力卻向無能力的人請教，知識豐富卻向知識貧乏的人請教；有學問謙虛得像沒學問一樣，滿腹經綸卻謙虛得像文盲一樣，從不計較別人的冒犯欺侮。

〈衛靈公〉："子曰：'不曰"如之何如之何"者，吾末如之何也已矣。'"孔子説："遇到問題也不動腦筋問'怎麼辦，怎麼辦'的人，我也不知道拿他怎麼辦了。"

孔子提出"四毋"，即"毋意、毋必、毋固、毋我"(〈子罕〉)——不只憑主觀妄斷，不絕對地肯定或否定，不固執己見，不只考慮自己，擺脱這四種堅持己見的習性後，學習者才可能真正虛心、誠心地向人請教。不能杜絕這四種弊病的話，學習只能是故步自封而已。

孔子"天縱之將聖又多能"(〈子罕〉)，然而聖人的多才多藝，實在有賴於"學無常師"之體認——孔子曾問禮於老子，學琴於師襄子，訪樂於萇弘。

反省性學習

孔子隨時、隨地、隨人而學，"見賢思齊焉，見不賢而內自省也"（〈里仁〉）。孔子虛懷若谷，善於向人學習以彌補自身的不足，做到取長補短，教學相長。

羣性學習

〈述而〉中孔子說："三人行，必有我師焉。擇其善者而從之，其不善者而改之。"孔子認為只要有心學習，就不怕沒有老師。每一個人都躋身於一定的羣體當中，我們可以從周遭的人身上取法，選取那些優點去學習，借鑒那些缺點進行自我檢討及改正，正反兩面皆可學習。這種思想境界多麼寬廣！所謂"見賢思齊"（〈里仁〉）、"益者三友"（〈季氏〉）都是這個道理。〈學而〉中孔子又說："主忠信，無友不如己者，過則勿憚改。"

〈子張〉："衛公孫朝問於子貢曰：'仲尼焉學？'子貢曰：'文武之道，未墜於地，在人。賢者識其大者，不賢者識其小者，莫不有文武之道焉。夫子焉不學？而亦何常師之有？'"即是說：到處都有文武之道，孔子去到哪裏都在學習，哪有固定的老師呢？不同人身上優秀的學問和長處，都是孔子的學習對象，如此，方造就他的博學多聞。

注重先備知識

孔子對學習新知識和積累、複習先備知識同樣重視，並認為這是一個相輔相成的過程。〈為政〉"溫故而知新"，即"溫習已學過的東西，從中體會出新的涵義，並學習未學過的新學問"，在舊的知識基礎上去學習新知識，正是一個注重先備知識的學習過程。〈子張〉："子夏曰：'日知其所亡，月無忘其所能，可謂好學也已矣。'""每天學到一些自己所不知道的知識，每月溫習一下我所學會的，不把它忘記，這樣就可以稱得上好學了"。即在原有知識的基礎上再接受新的知識，這樣累積起來的學問才是實在的。

結合思考、學習和行為以求自主學習

孔子重視學和思的關係。〈為政〉"子曰：'學而不思則罔，思而不學則殆'"一句，直接論述"學"與"思"的關係。指一味學習而不思考，就會因為沒有經由思考達致理解，而不能合理有效地運用所學的知識，從而陷入迷惘之中；如果一味空想而不切實地學習、吸收和鑽研，則近乎危險了。〈子張〉："子夏曰：'博學而篤志，切問而近思，仁在其中矣。'""博學而篤志"，即既要廣博地學習，又要有明確堅定的學習目標；"切問而近思"，即既要懇切地問問題，又有多從眼前的實際情況切入思考，不可好高騖遠；都是在論述"學"與"思"如何平衡。

孔子主張學習、行動和思考三者的結合。"學習"和"思考"是相輔相成的，缺一不可；好像進食和消化一樣，只進食而不消化，或者是沒有進食而空在消化一樣對健康都是不好的。只是學習而不思考，好像只進食而不消化；缺乏學習的思考，好像沒有進食而空在消化一樣，都是無效的。在這點上，孔子有切身的體會。〈衛靈公〉："子曰：'吾嘗終日不食，終夜不寢，以思，無益，不如學也。'"；"子曰：'賜也，女以予為多學而識之者與？'對曰：'然，非與？'曰：'非也，予一以貫之。'"孔子認為自己的見識並非單單靠多"學"建立，而是需要結合"思"以貫徹所"學"，形成一套個人思維見解。

其實，思考是學習進一步的提升。〈為政〉中記載了一個典型的例子。孔子說："吾與回言終日，不違，如愚。退而省其私，亦足以發，回也，不愚。"可見顏回在老師面前整天只是被動地聽講，沒有一點反應，好像愚笨的人一樣。但是他在私底下和同學談論時，卻能將老師對他講述的義理，發揮得十分恰當。這樣的表現必定是因為學習後作出了自己的思考，所以孔子表示顏回實在不是愚笨的呢！孔子認為經過思考提升後的學習可以達到"告諸往而知來者"（〈學而〉）的效果。

〈述而〉："子曰：'不憤不啟，不悱不發。舉一隅不以三隅反，則不復也。'"這句話的意思是："除非學生經苦思冥想也想不通，否則我不會啟發他；除非他曾努力嘗試表達卻找不到合適的詞語，否則我不會引導他。除非學生做到舉一反三，否則我就不再和他深入探討了。"這裏孔子樹立了一個自主學習觀，即我們今天所宣導的學習應該從被動學習轉變為主動學習。

注重學習的完整性

〈子罕〉："子曰：'譬如為山，未成一簣，止，吾止也；譬如平地，雖覆一簣，進，吾往也。'"其道理在於為學不可半途而廢。

重視自覺知識

"自覺知識"就是知道自己知道甚麼，也知道自己不知道甚麼，即是美國督導與課程發展協會所公佈的"明白"的六個意義之一。

〈為政〉中孔子說：「知之為知之，不知為不知，是知也。」意思就是說：知道的就是知道的，不知道的就是不知道的，這就是關於知識的真諦。這種坦白直接，就是孔子追求知識的態度。在〈述而〉中，他也指責與之相反的另一種態度是非常錯誤的——「亡而為有，虛而為盈」，即本來是沒有卻裝作擁有，本來空虛卻裝作充實。

孔子為人務實而慎重，對日常生活中尚無以確認之事，他不會妄下結論。如〈先進〉：「季路問事鬼神。子曰：『未能事人，焉能事鬼？』敢問死。曰：『未知生，焉知死？』」〈述而〉中也有概括：「子不語怪，力，亂，神。」〈雍也〉：「樊遲問知。子曰：『務民之義，敬鬼神而遠之，可謂知矣。』」孔子鼓勵樊遲要致力於教化百姓禮法道義，對鬼神抱以敬而遠之的態度，就算明智了。

重視後天努力

〈述而〉：「子曰：『我非生而知之者，好古，敏以求之者也。』」孔子認為自己並非天生就有學問，他只是一個喜歡讀書、勤奮敏捷地追求知識的人。

〈述而〉：「子曰：『蓋有不知而作之者，我無是也。多聞擇其善者而從之，多見而識之，知之次也。』」孔子說：「有些人遇到不懂的事時，大概會穿鑿妄作，我從來不會這樣做。我總是多多聽聞並選擇好的道理來遵循，多多觀察並將見聞用心記下來，這樣建立學識的話，其智慧就很接近天生的智者了。」

從不同觀點（perspective）、角度，用不同方法來理解同一件事物

孔子會身體力行，從不同角度、用不同方法來看同一件事

物。當論及儒家的核心價值"仁"的時候，孔子會因應不同學生的特質來思考並回應。《論語》〈雍也〉中子貢問仁，孔子回覆："夫仁者，己欲立而立人，己欲達而達人。能近取譬，可謂仁之方也已。"；《論語》〈顏淵〉中仲弓問仁，孔子卻回覆："出門如見大賓，使民如承大祭。己所不欲，勿施於人。"；《論語》〈顏淵〉中顏淵問仁，孔子回覆："克己復禮為仁，一日克己復禮，天下歸仁焉。為仁由己，而由人乎哉？"甚至同一個學生在不同時間問同一個問題時，孔子給出的答案都會不同，例如樊遲最少三次問仁於孔子，但孔子三次的回覆皆不同："仁者先難而後獲，可謂仁矣。"（《論語》〈雍也〉）；"居處恭，執事敬，與人忠。雖之夷狄，不可棄也。"（《論語》〈子路〉）；"愛人。"（《論語》〈顏淵〉）。

類似例子，還可見於《論語》〈先進〉："子路問：'聞斯行諸？'子曰：'有父兄在，如之何其聞斯行之？'冉有問：'聞斯行諸？'子曰：'聞斯行之。'公西華曰：'由也問"聞斯行諸"，子曰"有父兄在"；求也問"聞斯行諸"，子曰"聞斯行之"。赤也惑，敢問。'子曰：'求也退，故進之；由也兼人，故退之。'"這個例子證明了孔子因材施教，亦體現出他在日常中依據不同的對象，從不同角度、用不同方法來看同一件事物。

終身學習和其他

在〈為政〉中，孔子概述了他一生堅持學習、不斷在克服困難中感受痛苦和獲得愉快的過程："吾十有五而志於學，三十而立，四十而不惑，五十而知天命，六十而耳順，七十而從心所欲，不踰矩。"可見孔子全心全意定在求學上，志向堅定不移，學習永不停止。〈泰伯〉中孔子說："學如不及，猶恐失之。"學習好像追趕些甚麼，總怕追不到，追到了又怕被忘掉。這些都體現了他終身學習的志趣。學習本身是一個實踐和體驗的"痛快"過程，在這個過程中，最需要做到卻又最難做到的則是在不同階段中解決該階段中的困難。

討論

孔子提倡："三人行，必有我師焉。擇其善者而從之，其不善者而改之。"（〈述而〉）但是在《論語》中比較難找到孔子實踐這主張的例子。

筆者雖然提出孔子主張社羣性學習，但是綜觀《論語》的內容，我們最常見的是孔子的獨白，第二是學生問、孔子答，極少看到孔子考問、學生作答這種教學模式。更可惜的是，我們僅能從〈先進〉的"子路、曾皙、冉有、公西華侍坐"章中窺見由孔子與子路、曾皙、冉有、公西華四名學生構成的一幅先賢論志圖，而未能從《論語》中看到其他孔子和多名學生之間的討論。

實習踐行只處理人與人之間的關係，並沒有處理人與自然之間的關係。這是受孔子只重視處理人倫關係的哲學思想影響。

從《論語》中我們得悉孔子樂於學習，卻看不到他為甚麼樂於學習，這是很可惜的。

孟子的學習觀

孟子是戰國時代赫赫有名的思想家，對學習有許多精闢的論述。本文嘗試從學習態度和學習方法兩個角度加以分析，最後再談一談孟子的教學方法。

"明白"概念的其中一個解析是："對有關內容能提出比喻、講故事、模擬，釋出背後意思，解釋意義，尋找意思和意義的規律。"孟子經常提出具體比喻或講故事，讓別人明白和學習他所說的道理，下文引述《孟子》的內容會印證這一點。

母親的培育

以下的兩個故事，讀者可能都耳有所聞。

孟子三歲的時候，父親就去世了，由母親一手撫養長大。孟子小時候的模仿能力很強，很喜歡重複別人的行為。結果他的母親把家由墳地搬到市集屠宰場，最後搬到學堂旁邊。孟子跟以前一樣，還是看到甚麼學甚麼。搬到學堂旁邊後，他學習莘莘學子行禮跪拜、揖讓進退的禮節。孟母看了很高興，因為這才是孩子應該學習的，於是便不再搬家。這就是歷史上有名的故事——孟母三遷。

孟母很重視孟子的教育，對他的學習，特別是學習態度時加督促和糾正。有一天，孟子逃學回家，正在織布的孟母非常生氣，當着孟子的面，把織布機上的布用刀割斷。孟子看了很惶恐，跪在地上請問原因。孟母教訓他説："求學的道理，就和我織布的道理一樣。織布要一絲一絲地織上去，由每一寸連成一尺、一丈、一匹……織成一條完整的布，才是有用的。你的學習也是一樣，要努力用功，經過長時間的積累，才能有成就。如果你偷懶，不肯好好讀書，半途而廢，那就像這段被割的布一樣，一無所成，怎麼能夠成就大業呢？"

孟子聽後深感慚愧，此後發憤用功，終於成為一代大儒。

學習態度

孟子認為學習要持之以恆、專心致志、虛心、具同理心，以及"自得"。

孟子主張學習要持之以恆。他説："雖有天下易生之物也，一日暴（暴，同曝）之，十日寒之，未有能生者也。"（《孟子》〈告子上〉）以"曬一天，凍十天"作為比喻，闡明學習時而勤奮，時而懈怠，沒有恆心，是學不好的。這就是成語"一曝十寒"的來歷。

孟子又説："有為者，辟若掘井；掘井九軔而不及泉，猶為棄井也。"（《孟子》〈盡心上〉）這是孟子列舉的另一個例子，勉勵人們為學做事都要持之以恆，做事做人要有始有終，不可半途而廢。孟子再說明："山徑之蹊間，介然用之而成路；為間不用，則茅塞之矣。"（《孟子》〈盡心下〉）為學好比一條路：山上的小路只要常常去走，就自然會變成一條大路；研究學問要常用心，不可中斷，如不能有恆而中斷，雜念便把心給阻塞了。

孟子認為學習要專心致志，他以當時全國最善於下棋的弈秋為例：讓弈秋教兩個人下棋，一個人聽得專心，另一人卻整天在想着拿弓箭射天鵝。結果，後者的成績自然不如前者了。所以孟子指出：“學問之道無他，求其放心而已矣。”（《孟子》〈告子上〉）也就是説，不要心不在焉、要專心致志，才能學習得好。

孟子認為為學要虛心、誠懇。“公都子曰：‘滕更之在門也，若在所禮；而不答，何也？’孟子曰：‘挾貴而問，挾賢而問，挾長而問，挾有勳勞而問，挾故而問，皆所不答也。滕更有二焉。’”（《孟子》〈盡心上〉）孟子希望矯正滕更炫己輕人的缺失，啟發他尊師重道的意念，所以用不屑教誨的態度來激發他。此外，孟子也要求教師虛心求學。孟子説：“人之患，在好為人師”（《孟子》〈離婁上〉），這是孟子告誡切勿自滿、停步於為人師表，要保持多研究多學習的心態，充實自己的學養。

同理心（empathy）是設身處地，從別人的角度看世界，理解別人的生活、文化、感覺，並想像感同身受的情境。

孟子的“人溺己溺，人飢己飢”正是同理心的體現。《孟子》〈離婁下〉中孟子曾説：“禹、稷、顏回同道。禹思天下有溺者，由己溺之也；稷思天下有飢者，由己飢之也；是以如是其急也。禹、稷、顏子易地則皆然。”

關於自得，《孟子》〈離婁下〉中曾提及：“君子深造之以道，欲其自得之也。自得之，則居之安；居之安，則資之深；資之深，則取之左右逢其源。故君子欲其自得之也。”孟子深深地感覺到，個人的智能與創造性是無法被任何人替代的，於是明確地指出：“梓匠輪輿，能與人規矩，不能使人巧。”（《孟子》〈盡心下〉）

由此，我們應該相信孟子的“自得”學説，是鼓勵我們在進行人生選擇時，選擇基於良知所真正願意信守的東西，然後付諸實踐，於是他人便也可以不帶疑慮地接受這選擇和實踐。可見身處在戰國那個時局混亂而又思想火花"百家爭鳴"時代，孟子追求學術自由、希望個性得到發展，其教育理念是有先鋒探索意義的。孟子的"自得"理論，基於對人性的洞察，所才能指導人們面對瞬息萬變的人生挑戰，既從容自信，又游刃有餘，有點類似孔子所說的"從心所欲不踰矩"的狀態。

學習方法

孟子認為學習要循序漸進、按部就班。他以流水作比喻說："流水之為物也，不盈科不行。"(《孟子》〈盡心上〉) 當中，"科"是小坑；流水遇到小坑，不注滿是不會繼續向前流動。學習也是這樣，只能逐漸積累，而不可隨便逾越。否則，沒有堅實的基礎而幻想一步登天，終將會為自己知識上的缺陷而後悔。"行遠必自邇，登高必自卑。"(《禮記》〈中庸〉) 求學做事，都必須腳踏實地、循序漸進。

《孟子》〈告子上〉中，孟子指出："心之官則思"，強調學習還要善於思考，他告誡人們："思則得之，不思則不得也。"甚至強調："盡信書則不如無書。"《孟子》〈盡心下〉這當然不是否定書本知識的作用，而是強調讀了書而不勤思考和運用，是沒有效果的。至於怎樣思考？他提出了"由博返約"的原則："博學而詳說之，將以反說約也。"(《孟子》〈離婁下〉) 意思是通過多學，進行詳盡地研究，融會貫通之後，反過來簡要地闡明學問的精髓。也就是在博學的基礎上求精深，做到博與精的結合；要深入，更要淺出。

孟子於《孟子》〈離婁下〉強調正確的學習方法就是主動自得，

力求融會貫通，自然地領悟於心，這樣學習成效才會顯著，印象才會深刻。

《孟子》〈告子上〉："羿之教人射，必志於彀，學者亦必志於彀。大匠誨人，必以規矩，學者亦必以規矩。"——"大匠誨人，必以規矩，學者亦必以規矩"，即高明的工匠必定依照一定的規矩教人技藝，學習的人也一定要守規矩。這裏用后羿（傳說中的射箭高手）教人學射箭的例子，說明做學問如果有高遠的目標，必須遵循一定的法則，才有成功的希望。然而現今風氣，多追求"速成"、"走捷徑"，導致規矩未定，基礎未穩，便急於行動，效果當然不理想。

孟子的教學方法

孟子的教學方法可綜合為下列三種——

順應自然。孟子說："宋人有閔其苗之不長而揠之者，芒芒然歸，謂其人曰：'今日病矣，予助苗長矣。'其子趨而往視之，苗則槁矣。"（《孟子》〈公孫丑上〉）孟子認為用強硬的方法，逼迫學生學習，和拔起稻苗助長沒有分別，急於求成，反而不利於學生的學習。孟子覺得人的善性，是一粒潛伏在心中的種子；"苟得其養，無物不長，苟失其養，無物不消。"（《孟子》〈告子上〉）養的方法是順應自然，而不是"揠苗助長"。

注重啟發。孟子說："教亦多術矣，予不屑之教誨也者，是亦教誨之而已矣。"（《孟子》〈告子下〉）教誨人的方法很多，"不屑之教"是孟子激勵學生的方法。沒有一個學生希望老師以"不屑"的手段來對待自己，我們認為在師生關係和諧的情況下，"不屑之教"是教師的"殺手鐧"。

因材施教。孟子説："君子之所以教者五：有如時雨化之者，有成德者，有達財者，有答問者，有私淑艾者。此五者，君子之所以教也。"（《孟子》〈盡心上〉）君子有五種教人的方法：第一種是給予適當的點化，讓學生如草木得及時雨的潤化，更加欣欣向榮；第二種是依據學生本來的德性加以培養，使他有所成就；第三種是引導學生發揮才華，使他通達成為有用的人才；第四種是充分地解答學生所提出的疑問；第五種雖然未能親自教授，但會以自己的言行感化學習者。

小結

孟子沒有長篇大論講述他的學習觀點，而是以講故事的方式演繹，讓讀者更容易明白他的觀點，不自覺地開闊了學習範疇上的視野，這便是大師的魅力所在。

荀子的學習觀探尋[1]

古籍《荀子》以〈勸學〉為首篇展開，可見"學"在荀子心目中的地位非同一般。縱覽荀子對"學習"抽繭剝筍的論述，會發現正是這篇〈勸學〉高屋建瓴、統領一切。從《荀子》全書展現的篇章結構和學習主旨而言，我們無法繞過〈勸學〉去深入體會荀子心中"學"的意涵。

本文先探討荀子多用比喻讓人明白的論述方法，繼而探討他怎樣看待學和思的關係、知和行的關係，最後分析他怎樣處理直至現在也困擾着教育界的個別差異的問題。

多用比喻讓人明白

怎樣讓人明白是處理"學習"的一個重要課題。和孟子一樣，荀子善用比喻，使人更容易明白他講的道理。比如荀子論及君子"怎樣學"可達至"博學"時就使用了形象的比喻，這可以從〈勸學〉中的"故不登高山，不知天之高也；不臨深谿，不知地之厚也；不聞先王之遺言，不知學問之大也"體會到。

〈勸學〉中，荀子巧妙地藉以下例子論述：蒙鳩"卵破子死，巢非不完也，所繫者然也"；射干"生於高山之上，而臨百仞之淵，木莖非能長也，所立者然也"；白芷"其漸之滫，君子不近，

---

1 本文為作者與王振華合寫，參考了黃顯華、霍秉坤、徐慧璇：《現代學習與教學論：性質、關係和研究》，北京：人民教育出版社，2014 年版。

庶人不服，其質非不美也，所漸者然也"；"蓬生麻中，不扶而直。白沙在涅，與之俱黑"。傳達出環境對於人成長和學習的重要影響。

在學習心態上，荀子秉持"不積跬步，無以致千里；不積小流，無以成江海"的執着信念。只有如此，方能"積土成山，積水成淵，積善成德"，而這一切，還需要"君子結於一也"的強大內心定力。荀子還藉騏驥和駑馬、朽木與金石、蚓和蟹、螣蛇與鼫鼠的比較來明示學習需要"功在不捨，鍥而不捨，用心一也"的心態。

學不可以已

荀子是怎樣具體闡釋"學不可以已"的呢？〈勸學〉全文首段，荀子指出"青，取之於藍而青於藍；冰，水為之而寒於水"，言外之意就是，若學而有已，則藍如故，水亦依舊。只有做到"學不可以已"，藍則為青，水可成冰。原本筆直的木頭，用火烤製成彎曲的輪子，縱若驕陽似火，也無從撼動，即"雖有槁暴，不復挺者，輮使之然也"。也正是因為有"學不可以已"的定力與行動，才有"木受繩則直，金就礪則利"的結局。

荀子把"學不可以已"無聲地融於〈勸學〉全文。試想要領會先王之遺言，領悟學問之博大，懂得天文地理，博閱自然萬物，通曉古今世事，如果做不到"學不可以已"，這些都無從談起，還談何"積跬步以致千里，積小流以成江海"？"終乎為聖人"更是遙不可及。

學和思的關係

〈勸學〉中，荀子認為"吾嘗終日而思矣，不如須臾之所學也"。在這裏，荀子好像把"學"和"思"兩個概念對立起來。

但在另一方面，荀子好像也把兩個概念統一起來，從他說"君子博學而日參省乎己"來看，荀子認為"博學"與"參省"之間的關係可以從以下兩個方面來理解：第一，"博學"是"參省"的前提，不尊重文化和愛好去學習就不會有"參省"的自覺，根本無法掌握恰切的理念來檢查、反省自己；第二，"參省"也是"博學"的繼續和檢驗，正是通過自己反省、內化的過程，通過"博學"收穫的知識和掌握的技能才能趨於通達，運用自如。筆者的理解，參省也是思考的一種表現。

只做"博學"而不"參省"，不是荀子所主張的學習。同樣，做不到"博學"而只作空洞的"參省"也為荀子所不容。"博學"與"參省"應相輔相成。

知和行的關係

荀子指出"不聞不若聞之，聞之不若見之，見之不若知之，知之不若行之。學至於行之而止矣"（〈儒效〉），還明確說明"聖人也者，本仁義，當是非，齊言行，不失毫釐，無它道焉，已乎行之矣"（〈儒效〉）。

關於學習過程，荀子直言"行之，明也，明之為聖人"（〈儒效〉），即親身實踐過了，就能明白其中的事理，明白了其中的事理，就能稱為聖人了，"故聞之而不見，雖博必謬；見之而不知，雖識必妄；知之而不行，雖敦必困"(〈儒效〉)。

最後，直面治學，荀子秉持"凡知說，有益於理者，為之；無益於理者，舍之。夫是之謂中說"(〈儒效〉)的觀念，並提出"無稽之言，不見不行，不聞之謀，君子慎之"(〈正名〉)。

在"知"和"行"的關係上，荀子堅持"君子之學也，入乎耳，著乎心，布乎四體，形乎動靜"(〈勸學〉)。在荀子看來，由"入乎耳，著乎心"而得的知識，即通過學和思所獲的結果，還帶有假設的性質，還必須"布乎四體，形乎動靜"，通過"行"方能得到驗證。唯有如此，"知"才能真正算是"明"了。

處理個別差異的兩種方法

1. 與布盧姆 (Bloom) "通達 (掌握) 學習理論" 的相通之處

荀子關於目標與策略的關係認識頗值得我們深思。在〈修身〉一文，荀子提出"夫驥一日而千里，駑馬十駕，則亦及之矣。將以窮無窮，逐無極與？其折骨絕筋，終身不可以相及也"，如果"將有所止之，則千里雖遠，亦或遲、或速、或先、或後，胡為乎其不可以相及也"！意在強調要有清晰的目標定位。如果用有限的氣力去窮盡無盡的路途，恐怕劣馬一輩子也不能趕上千里馬啊！如果有個終點，那麼千里的路程雖然遙遠，也不過是快點、慢點、早點、晚點而已，怎麼不能到達目的地呢？荀子把這一認識延展到學習上，他指出："彼止而待我，我行而就之，則亦或遲、或速、或先、或後，胡為乎其不可以同至也！"我們會發現這一觀點與布盧姆的"通達 (掌握) 學習理論"有相通之處，布盧姆認為只要給學生足夠的時間和適當的教學，幾乎所有學生對所學的內容都可以達到掌握的程度。學生學習能力的差異不能決定他能否學習要學的內容和學的好壞，而只能決定他將要花多少時間才能達到該內容的掌握程度。從這一點我們可以領略到荀子學習思想的深邃和遠見。

2. 能力各異、發揮所長

荀子明確提出："彼求之而後得，為之而後成，積之而後高，盡之而後聖，故聖人也者，人之所積也。人積耨耕而為農夫，積斲削而為工匠，積反貨而為商賈，積禮義而為君子。"（〈儒效〉）表明荀子認為人們能力各異、存在不同是後天學習的"積靡"所致，這與今天教育學中強調人的後天成長學習環境對其發展至關重要不謀而合。當然，這也與荀子主張的"人性惡"相關聯，荀子認為"今人之性，固無禮義，故強學而求有之也；性不知禮義，故思慮而求之也"（〈性惡〉），就是要通過後天的努力學習，"化性起偽"（〈性惡〉），實現人之為善。

墨子的學習觀探究 [1]

墨子認為，在接受教育的權利上每個人都應該是平等的，主張凡有道德學問者，應不分貧愚智富，隨時隨地地予以教導，也可以師生一起學習，共同成長。他的態度是"有道以教人"、"有道者勸以相教"，來者即"教"，不來者也可"往教"。墨子可謂是以教人為己任，甚至會強行說教——這正體現了他積極的救世理想。比較來說，孔子的"有教無類"是建立在"自行束脩以上，吾未嘗無誨焉"的條件之上的，而墨子則更為願意主動奉獻，而且比孔子貼近平民許多。以現在的眼光看，墨子的教育思想更接近現代普及學校教育的精神。

這是一種"有道相教"的平民教育，與"為義兼士"的素質教育、"救國濟世"的目的教育、"文理兼備"的內容教育、"述而且作"的實踐教育等都是墨子重要的教育主張。本文主要嘗試探討墨子的學習觀，上述內容較屬於探討教育的性質、功能或目的，所以都不作討論了。

學習和思考的關係

在學與思的關係上，孔子曾說："學而不思則罔，思而不學則殆。"儒家在教學過程中總體上是講究學思結合的。而墨家在學、思的廣度與深度上都有突破與拓寬。墨子指出"故"的概念，

---

1 本文為作者與王振華合寫。

就是要求學生學習時能夠探明事物的原因，要不僅"知其然"，而且"知其所以然"。在《墨子》一書中，提出"何自"、"何故為"、"何以為"、"何以知之"，這就是要求人們開動腦筋，多加思考，注重學思並重，學思結合，學思並用。墨子之重"思"的最顯著特色，還在於他研究和掌握了"思"的工具之學——墨家辯學（邏輯學）。

在這裏試舉"何故為"（《墨子》〈公孟〉）一例說明。子墨子曰："問於儒者：'何故為樂？'曰：'樂以為樂也。'子墨子曰："子未我應也。今我問曰：'何故為室？'曰：'冬避寒焉，夏避暑焉，室以為男女之別也。'則子告我為室之故矣。今我問曰：'何故為樂？'曰：'樂以為樂也。'是猶曰：'何故為室？'曰：'室以為室也。'"

從上述對話可以看出，墨子對一個話題"何故為"的探討，尋根求源，意在探尋問題的本質。從《墨子》全書來看，可以清晰地感受到這種嚴謹濃厚的墨家辯學氣息，也可以體悟到墨子思考問題的深度和廣度。

墨子後學對"辯學"的界定是"夫辯者，將以明是非之分，審治亂之紀，明同異之處，察名實之理，處利害，決嫌疑。焉摹略萬物之然，論求羣言之比"。墨子強調"以名舉實，以辭抒意，以說出故，以類取，以類予……以往知來，以見知隱"；認為思考有三種形式，即"以名舉實，以辭抒意，以說出故"，用名稱反映事物，用言詞表達思想，用推論揭示原因，提出和研究了概念、判斷、推理等邏輯問題；而思考的基本方法是"以類取，以類予"，按類別歸納，按類別推論。

主動的教導和被動的學習

"公孟子謂子墨子曰:'君子共己以待,問焉則言,不問焉則止。譬若鐘然,扣則鳴,不扣則不鳴。'"墨子認為,扣與鳴之間有三種情況:扣則鳴,一也;不扣則不鳴,二也;雖不扣,亦必鳴,三也。墨子主張"雖不扣,亦必鳴",強調"強行"、"強為"。"今擊之則鳴,弗擊不鳴,隱知豫力,恬漠待問而後對。雖有君親之大利,弗問不言,若將有大寇亂,盜賊將作,若機辟將發也,他人不知,己獨知之,雖其君親皆在,不問不言。"墨子認為被動施教的弊病不僅是施教者之過,而且還可能危害社會,因此主張"不扣則鳴",強教於人,"遍從人而說之"。"今夫世亂……不強說人,人莫知之也……行說人者其功善亦多,何故不行說人也?"

墨翟還特別強調,即使人們不來請教,也應主動上門去教人,即"強說人"。他有逢人便與其說教("遍從人而說之")的精神,提出"上說下教"。想像他教育人的面貌,可以說是別人不願意聽,還絮絮叨叨說個不停。墨子教育精神的主動性與儒家的被動性形成鮮明的對比。儒家主張"禮聞來學,不聞往教",這是被動答問的教學態度,而墨子則主張教師積極主動地去教導、啟發學生。

墨子闡述了環境和教育對人性形成的影響,他以染絲為例,"染於蒼則蒼,染於黃則黃,所入者變,其色亦變",來說明"士亦有染",所以"染不可不慎也"。這就是著名的"染絲說"。在他看來,先天的人性就像還未染過的素絲,所處的教育環境就像染料,環境造就人。

關於"學"，墨子的認識是"必強為之"。這可以從《墨子》〈公孟〉中的對話看出："有遊於子墨子之門者，子墨子曰：'盍學乎？'對曰：'吾族人無學者。'子墨子曰：'不然。夫好美者，豈曰吾族人莫之好，故不好哉？夫欲富貴者，豈曰我族人莫之欲，故不欲哉？好美、欲富貴者，不視人猶強為之。夫義，天下之大器也，何以視人？必強為之！'"

這番對話亦能說明墨子秉持的"學"的重要內容之一是"義"，不應因"吾族人無學者"而放棄，應需"強為之"。這也從一個側面反映出墨子認為"學"的主體應該努力有為，而不要過於環顧周遭，受制於左右，隨波逐流。認準了，"必強為之"。同時，墨子指出"其直如矢，其平如砥，不足以覆萬物"，表明了學習時應具有的心態。

從上述可見，墨子主張主動的教導和為"義"努力有為的學習，另一方面墨子認可"教人學"，強調教導應是主動的，反而學習被描述為被動的了。

對個別差異的處理

墨子主張教學要從學生的實際出發，應用日常社會生活和工農業生產的經驗，較能啟發門下弟子的思想，亦較易為其他人所接受。要因材施教，發展個性。下列具體提出兩個例子。

第一，墨子在回答他的學生治徒娛及縣子碩二人問"為義孰為大務"的言辭時說："譬若築牆然，能築者築，能實壤者實壤，能欣者欣，然後牆成也。為義猶是也。能談辯者談辯，能說書者說書，能從事者從事，然後義事成也。"

第二，有兩三個弟子請求向墨子學習射擊，墨子回答説："國士戰且扶人，猶不可及也。今子非國士也，豈能成學又成射哉？"一方面，墨子認為學生不該同時追求"成學"和"成射"，體現了他要求學習專心致志的思想。這個例子另一方面也説明，墨子在教學時，要求學生按照自己的能力特點去學習，也要求教師根據學生不同的能力、性格特徵展開教學，以求達到適合不同學生的教學效果。這與儒家的"因材施教"是相通的。

　　墨子認為，人的材性不同，就給予不同的教育，他們就會展現不同的才能，大家通力合作，天下就會無事而不可為了。因此，必須根據學生的天資、興趣、個性、知識水準、接受能力和心理狀態分別地因材施教，揚長避短。同時墨子還提出要因時機而教，正如墨子答禽子時説："多言何益，為其言之時也。"

從學習觀看郭靖武功的成長過程[1]

郭靖武功的成長過程包括：跟從江南七怪學習不同的招式，跟從全真七子之一的馬鈺學習內功，跟從洪七公學習降龍十八掌，跟從周伯通學習雙手互搏和《九陰真經》……我們可以從多個角度探討金庸《射鵰英雄傳》一書傳達了怎樣的學習觀。

從不同角度看資質

不少學者探討先天資質和後天努力哪方面對學習的影響較大，而資質也可從多個角度去理解。

《射鵰英雄傳》中全真七子之一的丘處機和江南七怪相約，各自教楊康和郭靖武功，18 年後楊郭二人比武，間接顯示誰的武功較強。

其後七怪找到郭靖，對郭靖的資質有這樣描述："（江南七怪）見拖雷如此聰明伶俐，相形之下，郭靖更是顯得笨拙無比，都不禁悵然若失。……朱聰道：'這孩子資質太差，不是學武的胚子。'韓寶駒道：'他沒一點兒剛烈之性，我也瞧不成。'……（江南七怪）見郭靖資質顯然十分魯鈍，決難學會上乘武功，不由得心灰意懶……南希仁道：'孩子很好……我小時候也很笨。'"

1　本文為作者與韓孝述合寫。

資質可以從智力，即"聰明伶俐"、"笨拙無比"作判斷。然而，南希仁卻説："孩子很好……我小時候也很笨。"《射鵰英雄傳》中沒有説明南希仁為甚麼認為一個人很笨，仍然很好。他可能不介意學生笨，願意接納較笨的學生，認為學生肯下功夫就會有成就。

專心和虛心

全真七子之一馬鈺教授郭靖"一些呼吸、坐下、行路、睡覺的法子"，並表示他有四句話要郭牢牢記住："思定則情忘，體虛則氣運，心死則神活，陽盛則陰消。"郭靖唸了幾遍，記在心中，但不知是甚麼意思。馬鈺便説："睡覺之前，必須腦中空明澄澈，沒一絲思慮。然後斂身側臥，鼻息綿綿，魂不內蕩，神不外遊。"馬鈺傳授給郭靖呼吸運氣之法、靜坐斂慮之術。

"思定"和"體虛"代表專心和虛心。就像小説中説的，"由於郭靖心思單純，極少雜念，修習內功易於精進，遠勝滿腦子各種念頭此來彼去、難以驅除的聰明人，因此不到兩年，居然已有小成"。

郭靖起初跟洪七公學習降龍十八掌時，由於資質不高，很多時感到茫然不解，他學習的思維方法是"將七公的話牢牢記在心裏，以備日後慢慢思索"，行動準則是"人家練一朝，我就練十天"。隨着他專心致志練習掌法，掌法的勁力越使越大，被掌法撼動的樹幹卻愈搖愈微，這是他功力進境的表現。

與專心的相反是"心可二用"。所謂"左手畫方，右手畫圓，則不能成規矩"，然而郭靖跟隨周伯通學習雙手互搏之術"卻正是要人心有二用"，研習的起始為"左手畫方，右手畫圓"。郭靖剛開始練習時也不得要領，"雙手畫出來的不是同方，就是同圓，又或是方不成方、圓不成圓"。然而經過苦練居然雙手能任意各成方圓。

原因之一可能在於他能以虛心和專心去學習一心二用之法。除此之外，郭靖還有兩個特點：他的基本功扎實，南希仁所教的根基功夫，為他學習降龍十八掌等上乘武功打下良好的基礎；郭靖先練熟招式，再體悟心法口訣，把實踐與理論相結合。這兩點也是郭靖所採用的學習方法。

實踐式學習

"實踐式學習"就是在適當時間實習或觀察別人的實踐。這裏有幾個例子說明郭靖對《九陰真經》的學習過程。

一是從洪七公和歐陽鋒對招中領悟。《射鵰英雄傳》這樣描述："郭靖在旁看得出神，只見兩人（洪七公和歐陽鋒）或攻或守，無一招不是出人意表的極妙之作。那《九陰真經》中所載原是天下武學的要旨，不論內家外家、拳法劍術，諸般最根基的法門訣竅，都包含在真經的上卷之內。郭靖背熟之後，雖然其中至理並不明曉，但不知不覺之間，識見卻已大大不同，這時見到兩人每一次攻合似乎都與經中所述法門隱然若合符節。"

二是從全真七子和梅超風對招時領悟。《射鵰英雄傳》這樣描述："下半部《九陰真經》中許多言語，一句句在心中流過，原本不知其意的辭句，這時看了七子出掌佈陣之法，竟不喻自明的豁然而悟……七子每一招每一式使將出來，都等如是在教導他

《九陰真經》中體用之間的訣竅……當日郭靖在桃花島上旁觀洪七公與歐陽鋒相鬥固是大有進益，畢竟他心思遲鈍，北丐與西毒二人的武功又皆非真經一路，是以領悟有限，此時見七子行功佈陣，以道家武功印證真經中的道家武學，處處若合符節，這才是真正的一大進益。"

三是黃蓉受了重傷，一燈大師為救她而要長時間為她點穴，郭靖從中領悟《九陰真經》中的種種秘奧。《射鵰英雄傳》有如下描述："一燈大師已點完她陰蹻、陽蹻兩脈，當點至肩頭巨骨穴時，郭靖突然心中一動：'啊，《九陰真經》中何嘗沒有？只不過我這蠢才一直不懂而已。'心中暗誦經文，但見一燈大師出招收式，依稀與經文相合，只是經文中但述要旨，一燈大師的點穴法卻更有無數變化。一燈大師此時宛如現身說法，以神妙武術揭示《九陰真經》中的種種秘奧……郭靖道：'你知我資質魯鈍，這點穴功夫精深無比，哪能就學會了？何況大師又沒說傳我，我自然不能學。不過看了大師的手法，於《九陰真經》本來不明白的所在，又多懂了一些。'"

由上可見，郭靖似乎偏好實踐式學習，傾向於從做中學。他不只熟背書本知識，還能夠細心觀察和比較每位大師的教學示範，博採眾家之所長。

反思學習武功的目的

到《射鵰英雄傳》最後階段，郭靖"茫茫漫遊，不知該赴何處，只一年之間，母親、黃蓉、恩師，世上最親厚之人，一個個的棄世而逝。歐陽鋒害死恩師與黃蓉，原該去找他報仇，但一想到'報仇'二字，花剌子模屠城的慘狀立即湧上心頭，自忖父仇雖復，卻害死了這許多無辜百姓，心下如何能安？看來這報仇之事，未必就是對了。”這時郭靖深深反思：“我一生苦練武藝，練到現在，又怎樣呢？連母親和蓉兒都不能保，練了武藝又有何用？我一心要做好人，但到底能讓誰快樂了？”

“學武是為了打人殺人，看來我過去二十年全都錯了，我勤勤懇懇地苦學苦練，到頭來只有害人。早知如此，我一點武藝不會反而更好。如不學武，那麼做甚麼呢？我這個人活在世上，到底是為甚麼？以後數十年中，該當怎樣？活着好呢，還是早些死了？若是活着，此刻已是煩惱不盡，此後自必煩惱更多。要是早早死了，當初媽媽又何必生我？又何必這麼費心盡力地把我養大？”他“翻來覆去地想着，愈想愈是糊塗”。

經歷多了，郭靖現在回過頭來反思學習武功的目的和作用。“反思”的意思是對傳統或多年的習慣作出完全相反的思考，典型的例子是牛頓對蘋果下跌的思考。郭靖多年來習慣性的思維是“學武是為了打人殺人”，現在卻完全相反地意識到“看來我過去二十年全都錯了，我勤勤懇懇地苦學苦練，到頭來只有害人。”回過頭來反思的過程，使他意識到：他追求的應該是俠之大者，其習武目的是為國為民；行俠仗義，濟人困厄乃習武之人的本份，只是俠之小者；而報仇雪恨，更不是他所追求的了。

楊過武功發展的過程：從合作、通達、解難、統整，到創新 [1]

不同於郭靖外露的笨拙無比，金庸《神鵰俠侶》的主人公楊過從小顯現出悟性奇高、聰明絕頂的特質。不過二人卻有相同的地方，即都是屢遇名師，習得上乘武學，促成他們成就非凡；但二人的學習過程很不一樣，基於稟賦的不同，本文的最後嘗試指出二人成就的分別。

用現代學習概念審視楊過的學習，發現他的學習經歷了合作、通達、解難、統整綜合，直到創新的過程而達到成就的頂峰。下文分別敍述這些過程。

合作學習

楊過和小龍女一起合力苦練《玉女心經》的過程，可以體現合作學習的重要性。金庸在《神鵰俠侶》一書中這樣表達："過得數月，二人已將《玉女心經》的外功練成。有時楊過使全真劍法，小龍女就以玉女劍法破解，待得小龍女使全真劍法，楊過便以玉女劍法剋制。那玉女劍法果是全真劍法的剋星，一招一式，恰好把全真劍法的招式壓制得動彈不得，步步針鋒相對，招招制敵機先，全真劍法不論如何騰挪變化，總是脫不了玉女劍法的籠罩。"

---

1 本文為作者與韓孝述合寫。

楊過曾質疑："為甚麼定須兩人在一起練？咱倆各練各的，我遇上不明白地方，慢慢再問你不成嗎？"小龍女卻認為："不成。這門內功步步艱難，時時刻刻會練入岔道，若無旁人相助，非走火入魔不可，只有你助我、我助你，合二人之力方能共渡險關。"

金庸在較後的篇章中，描述楊過和小龍女以情侶般相互情切關心的合作精神，展示"玉女素心劍"的神韻。

通達

楊過在神鵰指引下，習得已故前輩"劍魔"獨孤求敗的內功修煉方法和劍法，在武學修為上更上層樓。獨孤求敗在劍塚中，埋了自己一生不同階段中用過的幾把劍。第一把是利劍，長四尺，"青光閃閃"，"凌厲剛猛，無堅不摧，弱冠前以之與河朔羣雄爭鋒"；第二把是紫薇軟劍，"三十歲前所用，誤傷義士不祥，悔恨無已，乃棄之深谷"，因為劍已扔了，所以用一塊長條石片代表；第三把是玄鐵重劍，只三尺多長，卻有七八十斤，兩邊劍鋒都是鈍口，劍尖圓圓的似是個半球，"重劍無鋒，大巧不工。四十歲前恃之橫行天下"；第四把是木劍，"四十歲後，不滯於物，草木竹石均可為劍。自此精修，漸進於無劍勝有劍之境"。

獨孤求敗的劍學原理，由利劍、軟劍、重劍、木劍四個級別構成，學劍者循序漸進，才有希望成為頂級高手。從利劍級到重劍級，是"從薄到厚"的學習，重在勤學苦練，增強內力，"如此練劍數日，楊過提着重劍時手上已不如先前沉重，擊刺揮掠，漸感得心應手"，只要內力充沛，自能恃強克弱。從重劍級到木劍級，是"從厚返薄"的學習，關鍵是掌握技巧，以輕制重，"用木劍與玄鐵劍相鬥，使木劍者只要不去直攖玄鐵劍之鋒，一味與之纏鬥。時間一長，使玄鐵劍者必然真力衰竭，此時使木劍者就必勝無疑了"。在學習過程中，"從薄到厚"是要打穩基礎能力，"從厚返薄"是要培養高階思維。

解難

金庸在《神鵰俠侶》一書中提到有一次洪七公和歐陽鋒比武，包括思索、解難及唇舌上的過招。

"二人日鬥晚睡，接連鬥了四日，包括比拼內力，均已神困力倦，幾欲虛脫，但始終不肯容讓半招。"最後，二人分別傳授自己的武功給楊過，然後由楊過展示招式，好讓對方思考破解的辦法。

對於這階段的比試，金庸有如下的描述，過程中顯示出三人的解難能力：

"兩人一股勁兒的相逼，楊過無奈，只得走到洪七公身旁。

洪七公叫他取過樹枝，將打狗棒法中一招'棒打雙犬'細細說給了他聽。楊過一學即會，當即照式演出。

歐陽鋒見棒招神奇，果然厲害，一時難以化解，想了良久，將一式杖法說給楊過聽了。楊過依言演出。洪七公微微一笑，讚了聲：'好！'又說了一招棒法。

兩人如此大費唇舌的比武，比到傍晚，也不過拆了十來招，楊過卻已累得滿身大汗。次晨又比，直過了三天，三十六路棒法方始說完。棒法雖只三十六路，其中精微變化卻是奧妙無窮，越到後來，歐陽鋒思索的時刻越長，但他所回擊的招數，也皆是攻守兼備、威力凌厲的佳作，洪七公看了不禁歎服。"

綜合、統整

"理解／明白"這概念的意思之一，是將一點一滴的知識織成連貫的整體，從而發現這些知識的模式、聯繫、關聯和關係的能力。

楊過生平受過不少武學名家的指點，有待一個機會去綜合、統整，以達到融會貫通的境界。對於這個過程，金庸在小說中進行了描述——

楊過的敵人金輪法王曾取笑楊過說："楊兄弟，你的武功花樣甚多，不是我倚老賣老說一句，博采眾家固然甚妙，但也不免駁而不純。你最擅長的到底是哪一門功夫？要用甚麼武功去對付郭靖夫婦？"

而楊過聽到這話的反應則是："這幾句話可將楊過問得張口結舌，難以回答。他一生遭際不凡，性子又是貪多務得……他生平受過不少武學名家的指點，自全真教學得玄門正宗內功的口訣，自小龍女學得《玉女心經》，在古墓中見到《九陰真經》，歐陽鋒授以蛤蟆功和逆轉經脈，洪七公與黃蓉授以打狗棒法，黃藥師授以彈指神通和玉簫劍法，除了一陽指之外，東邪、西毒、北丐、中神通的武學無所不窺，而古墓派的武學又於五大高人之外別創蹊徑。"

"這些功夫每一門都是奧妙無窮，以畢生精力才智鑽研探究，亦難以望甚涯岸，他東摘一鱗、西取半爪，卻沒一門功夫練到真正第一流的境界。遇到次等對手之時，施展出來固然是五花八門，叫人眼花繚亂，但遭逢到真正高手，卻總是相形見絀……他低頭凝思，覺得金輪法王這幾句話實是當頭棒喝，説中了他武學的根本大弊。"

楊過當時要努力做的，是要將以往所學的一點一滴加以融會貫通，建立自己一家的功夫。而融會貫通，其實是創新的必要條件。《教育目標分類學》1956 年初版，把能力目標分為知識、理解、應用、分析、綜合、評價六個層次；到 2001 年修訂，則把目標分為記憶、理解、應用、分析、評價、創造六個層次。新舊兩版之別，主要是把"綜合"改為"創造"，並升高至第六層次，從中可知融會貫通（綜合統整）與創新的關係。

創新

楊過從下列兩個途徑達至創新的境界：一是隨機應變，二是情意合一。

楊過在受金輪法王的激將之後，"苦苦思索，甚是煩惱，想了半天，突然間心念一動：'我何不取各派所長，自成一家？天下武功，均是由人所創，別人既然創得，我難道就創不得？'……連想數日之後，恍然有悟，猛地明白諸般武術皆可為我所用，既不能合而為一，也就不必強求，日後臨敵之際，當用則用，不必去想武功的出處來歷，也已與自創一派相差無幾。"這是隨機應變的體現。

楊過的人生經歷和習武歷程，也是一個追求、達致"情意合一"的過程。

"楊過自和小龍女在絕情谷斷腸崖前分手，不久便由神鵰帶着在海潮之中練功，數年之後，除了內功循序漸進之外，別的無可再練，心中整日價思念小龍女，漸漸的形銷骨立，了無生趣。一日在海濱悄然良久，百無聊賴之中隨意拳打腳踢，其時他內功火候已到，一出手竟具極大威力，輕輕一掌，將海灘上一隻大海龜的背殼打得粉碎。他由此深思，創出了一套完整的掌法，出手與尋常武功大異，厲害之處，全在內力，一共是一十七招。

他生平受過不少武學名家的指點……此時融會貫通，已是卓然成家。只因他單剩一臂，是以不在招數變化取勝，反而故意與武學通理相反。他將這套掌法定名為'黯然銷魂掌'，取的是江淹〈別賦〉中那一句'黯然銷魂者，唯別而已矣'之意。"

楊過的人生至此，完全配合了情意合一的神韻。

小結

相比於郭靖，楊過因為天生聰穎，能把各家所長作統整綜合，最後達到創新的境界，這是郭靖不能及的地方。

從創新和德性的角度分析張無忌學習武功的進程[1]

　　金庸小説《倚天屠龍記》的主人公張無忌小時候主要向兩個人學習武功。一位是他的父親張翠山，將武當派拳法掌法的入門功夫傳授給了張無忌。第二位便是他的義父謝遜，他要張無忌將各種刀法、劍法"猶似背經書一般的死記"。謝遜這般"武功文教"，又不加半句解釋，"便似一個最不會教書的蒙師，要小學生呆背詩云子曰，囫圇吞棗"。

　　後來，無忌的武功造詣可以突飛猛進，是得益於他的各種際遇，也是基於他個人的**優良潛能和品質**。下文主要論述其中的四點。

偶聯作用：形神合一

　　第一，無忌能應用**偶聯作用**：一種創新行動的心智機制。

　　陳載灃在他的作品《破格思考——從古今大師如何突破説起》中提出一個人如果能把**兩組本來無關的心智活動進行交叉連接和契合**，便能組建成比兩者相加遠遠更豐茂的資訊大樹。正如柯斯勒（A. Koestler）在《創造的行為》（*The Act of Creation*）一書中列舉許多歷史上創新和發明的例子後，提出的偶聯作用（Bisociation），這個觀念是一種創新行動的心智機制。[2]

1　本文為作者與韓孝述合寫。

2　陳載灃：《破格思考——從古今大師如何突破説起》，香港：商務印書館（香港）有限公司，2014 年版，第 3、7 頁。

金庸在《倚天屠龍記》內這樣描述："（張無忌見到）一頭兀鷹向下俯衝，離他身子約莫三尺，便即轉而上翔，身法轉折之間極是美妙。他忽然心想：'這一下轉折，如能用在武功之中，襲擊敵人時對方固是不易防備。'……他知此後除了繼續參習九陽神功、更求精進之外，便是設法將已練成的上乘內功融入謝遜所授的武術之中，因之每見飛花落地，怪樹撐天，以及鳥獸之動，風雲之變，往往便想到武功的招數上去。這時只盼空中的兀鷹盤旋往復，多現幾種姿態。"這是**偶聯作用這一創新行動心智機制**的一個例證。

　　張無忌運用偶聯作用的第二個例證，是把武功和醫理加以聯結。小說中有如下敘述："原來這'乾坤大挪移'心法，實則是運勁用力的一項極巧妙法門，根本的道理，在於發揮每人本身所蓄有的潛力，每人體內潛力原極龐大，只是平時使不出來，每逢火災等等緊急關頭，一個手無縛雞之力的弱者往往能負千斤。張無忌練就九陽神功後，本身所蓄的力道已是當世無人能及，只是他未得高人指點，使不出來，這時一學到乾坤大挪移心法，體內潛力便如山洪突發，沛然莫之能御。……練到第五層後，只覺全身精神力氣無不指揮如意，欲發即發，欲收即收，一切全憑心意所之，周身百骸，當真說不出的舒服受用。……跟着便練第六層的心法，一個多時辰後，已練到第七層。那第七層心法的奧妙之處，又比第六層深了數倍，一時之間實是難以盡解。好在他精通醫道脈理，遇到難明之處，以之和醫理一加印證，往往便即豁然貫通。"把武功和醫理加以偶聯，是張無忌能力的顯現。

以意馭劍：集思廣益，融會貫通

第二，無忌能夠掌握**通則的重要性**。

陳載灃在《破格思考——從古今大師如何突破説起》中引述愛因斯坦所説的"想像比知識重要"，意思是：零散的知識碎片，全憑想像力的牽引黏合，才能組成**有機的、貫通的、有用的整體**。[3]在《倚天屠龍記》中，金庸把張無忌描述成為能夠清晰區分枝節和通則二者，且能夠盡量掌握通則的重要性。這一點在張三丰於敵人面前公開教張無忌太極劍一事中盡顯。

當時的情況如下：對手方東白有寶劍在手，張無忌只有木製的假倚天劍；張無忌新學的劍招雖然精妙，但不免生疏；張三丰公然教招，敵人瞧得明明白白，無秘奧可言。張無忌的勝算應是很低的。

整個過程，金庸是這樣描寫的：

"（張三丰）一招招的演將下來……張無忌不記招式，只是細看他劍招中'神在劍先、綿綿不絕'之意。"演示完了，張三丰多次問張無忌是否記得那些招式，張無忌的回答從"已忘記了一小半"，到最後是'這我可全忘了，忘得乾乾淨淨的了。"

張無忌從張三丰獲得的**是'劍意'，而非'劍招'**，要將所見到的劍招忘得半點不剩，才能得其**神髓**，臨敵時**以意馭劍**，千變萬化，無窮無盡。而他和對方過招時，全部以自己的木劍和對方的倚天劍平面相交，完全不受制於對方。

---

3 陳載灃：《破格思考——從古今大師如何突破説起》，香港：商務印書館（香港）有限公司，2014 年版，第 122 頁。

"激鬥三百餘招而雙方居然劍鋒不交，那是他（方東白）生平使劍以來從所未遇之事……旁人除了張三丰外，沒一個瞧得出他（張無忌）每一招到底是攻是守。這路太極劍法只是大大小小、正反斜直各種各樣的圓圈，要說招數，可說只有一招，然而這一招卻永是應付不窮。"

結果是張無忌贏了。顯示出他能夠掌握**有機的、貫通的、有用的整體**，即能夠掌握**通則**才是最重要的。

內功真氣：四兩撥千斤，用之有道

第三，無忌能夠**堅毅通達**，以**內功凌駕招式**。

張無忌所習的九陽神功及乾坤大挪移，在武學上都不屬套路招式，而屬內功心法。九陽神功是一門至剛至陽的內功，一旦練成，其剛猛之氣遍佈全身，遇到外來攻擊不但能以神功護體，更能將對手的力度如數反彈回擊對方，就如經文所云："他強由他強，清風拂山崗；他橫任他橫，明月照大江"，"他自狠來他自惡，我自一口真氣足"。即不論對手如何強猛，盡可當他是清風拂山、明月映江，"雖能加於我身，卻不會有絲毫損傷"。乾坤大挪移是波斯明教總部的鎮教之寶，要旨是武學中的"借力打力"、"四兩撥千斤"，其最神奇之處，是能複製對手武功，不論哪一家哪一派的武功，包括崆峒派的七傷拳、少林七十二絕技之一的龍爪手，都能取而為用。內功是一切武功的根基，它比招式更為重要，招式無論多快多準，暗藏多少變化，內功不逮，一切枉然。

練習內功，不能只靠背誦經文，而是需要練習者的堅毅通達。如小說中描述的，九陽神功的練成十分不易。在修煉的最後大關，必須"熬過全身燥熱自焚之苦"，或是"打通全身上下所有幾百個穴道"，才真正練成。如果練不成，只積存九陽內力，則得不到施展運用的內力不會無窮無盡地循環自生，修煉者劇烈戰鬥後容易過度洩氣而亡。

亦正亦邪：價值觀的抉擇和形成

第四，無忌能正確面對**正道與魔道**間的抉擇。

張無忌的母親殷素素由於出身邪教天鷹教，初期行為不正，無忌的女友也有不為世俗所接受的行徑，所以他的成長常常面臨正道與魔道的抉擇。當他在少林寺要救出義父謝遜時，便是這抉擇的高潮。

在為營救謝遜而和少林三位僧人的比武過程中，張無忌"不知自己所使武功有小半已入魔道，而三僧的'金剛伏魔圈'卻正是以佛力伏魔的精妙大法。"他看起來"越鬥越精神"，其實他心靈中的邪惡念頭不斷增長，只須繼續再鬥下去，便很容易敗下陣來。"三高僧不須出手，便讓他自己制了自己死命。"張無忌在將"魔教"路數的武功精微處盡數發揮出來的過程中，突然發出充滿"邪惡奸詐"的笑聲。然而他的笑聲方罷，便聽得地牢中傳出謝遜緩緩誦唸《金剛經》的聲音。

原來謝遜被囚地牢數月中，一直聽少林三僧唸誦《金剛經》，逐漸領悟經中的要義，這時謝遜猛聽得張無忌透露着"漸入危境、心魔大盛"之兆的詭怪笑聲，便唸誦《金剛經》，希望幫助張無忌擺脫心魔。張無忌聽謝遜唸誦佛經，"心中想到了經文中的含義，心魔便即消退"，正念便恢復過來。

張無忌從正道轉入魔道,又從魔道回歸正道,其間的抉擇是不容易的。張無忌缺乏以天下蒼生為己任的胸懷,但金庸描述他在正道與魔道之間的掙扎,亦顯示了他的成長過程。

.

擁有超過 100 年學習經驗的周有光 [1]

超過 110 歲的周有光一生經歷了五個不平凡的階段。

周有光（以下簡稱“周”）1906 年在江蘇常州出生，曾就讀於上海聖約翰大學和光華大學。周畢業後任職銀行，上世紀二三十年代遠赴美國、日本學習和工作，1949 年回國後擔任復旦大學經濟研究所和上海財經學院教授。

周參加了 1955 年全國文字改革會議，並於會後擔任中國文字改革委員會和國家語言文字工作委員會研究員和委員。作為《漢語拼音方案》的主要制定人，周被譽為“漢語拼音之父”。

周在文革時被下放到寧夏。

他在文革後擔任中國社會科學院研究生院教授，並成為中美聯合編審委員會中方三位委員之一，翻譯《不列顛百科全書》。他提倡現代漢字學和比較文字學，並出版了《漢字改革概論》、《世界文字發展史》、《比較文字學初探》等語文專著 20 餘部。

1989 年退休後，周的視野更加開闊。他回顧和展望中國以至世界的文化，提出許多令人耳目一新的觀點，並且不斷推出新作。

---

1 本文參考了：周有光：《對話周有光》，文明國編，北京：人民日報出版社，2014 年版；周有光：《靜思錄：周有光 106 歲自選集》，北京：人民文學出版社，2012 年版；周有光：《我的人生故事》，香港：香港中和出版有限公司，2014 年版。

周剛剛在 2017 年 1 月逝世。基於其個人實踐經驗，他對學習有很多極具價值的觀點。

家庭和老師的培育

周十歲時隨全家從常州遷居到蘇州，於當時初始興辦的新式學堂讀書；1918 年幸得家庭不可或缺的支持，升讀常州高級中學（江蘇省立第五中學）預科。在周的中學時期，教育風潮有兩個特點：第一，提倡國語，可是沒有人講國語，老師教書時都是用方言；第二，提倡白話文，並得到老師的贊同，可是上課學的都是古文，做文章一定要用古文，兒女的家書一定要寫文言，如果寫白話文的話，那時可是大不敬呢！但是有一位老師思想很前衛，經常宣傳白話文，對周接觸新事物有很大的幫助。

經過思考才算是學習

周初進聖約翰大學時，老師教他如何閱讀報紙。老師說看了之後，首先要問自己，今天的新聞裏面哪一條是最重要的？第二個問題是，為甚麼這條新聞最重要？第三個問題是，這條新聞的背景你知道嗎？不知道的話，你就到圖書館裏面查找資訊。老師這樣一番話的影響很大，周後來真的按照老師的辦法去做了。這三個問題都要求學生去思考，而不斷思考是學習最重要的因素。

這個過程對於放寬他的知識視野很重要。而看報過程的目的就在於**促進思考**，因為教育最重要的目的是思考，不是多讀幾本死書！周指出：「解放後，教育的**最大缺點就是不許人思考，只叫人家服從，這種教育是教不好人的**。」周覺得蘇聯在這方面實在是落後得很，中國到現在還沒有擺脫掉它的影響。

周認為一個人一定要保持樂觀的態度，要相信進化論，相信歷史總是在進步，後人一定超過前人的。並且要多動腦，多思考。"上帝給他們一個大腦，不是用來吃飯的，是用來思考問題的，**思考問題會讓人身心年輕。**"

周提出防止衰老的方法之一是寫文章。人們總認為老了就不要再用腦筋，而根據科學家研究，年老了更要用腦筋，腦子多用反而可以長壽，不易衰老。老是多方面的，眼睛不好了，耳朵不靈了，人要生病了，但最可怕的是腦筋壞了。周指出要不斷思考，不斷用腦筋，**越用腦筋就越不容易衰老。**

獨立思考對學習的重要性

周指出：青年朋友們閱讀他的文章的時候，不是先肯定文章的內容，而是先質疑文章的內容；這羣讀者都是經過獨立思考，然後接受；不會盲目地認為老年人閱歷多，知識水準就必然超過青年人。因此，周為這羣年輕讀者感到很高興。

他談到："獨立思考是輕而易舉的腦力活動，人類的一項先天本能。對於長期接受引導訓練的青年們，如果一時失去獨立思考能力，也只要正襟危坐、閉目靜思，就能漸漸恢復正常的獨立思考本能。"

而學校應該提供甚麼教育？他以個人的經驗回答："學校最應該鼓勵學生獨立思考。過去教育學蘇聯，**只鼓勵信仰，不鼓勵思考，一段時間內把你培養成工具，這是有很大缺陷的。他以為沒有獨立思考就沒有教育可言。**"此外，分科太細對一個人的成長並沒有太大的好處。他的一位叫鄭曉滄的老師很有名，這位受過西方教育的老師說：“你原來有天然的智慧，天然的思想，**教育就是把你天然的東西引出來。這是古希臘哲學家蘇格拉底的思想。**”周對這句話印象非常深刻。裝進去的東西是有限的，通過教育能發揮自己的本能十分重要，一個人**能自修是最好的**。

學習要親身經歷

周曾在美國工作生活多年，當中學到不少東西。“讀書，圖書館設備太方便，只要你願意學，在美國都能學。”更重要的是，他在辦公中學到不少東西，從辦公的方法看出美國為甚麼進步。他也曾在日本工作學習過，但總覺得日本遠不如美國。“美國的辦公方法可以說，每一個分鐘，每一秒鐘都爭取。這不但是一種思想，而且有具體的方法來實現要求，的確了不起，這一點不是在美國工作，不能了解，我是去工作了才了解。”

周在美國學了當地人士的工作方法，回國後覺得中國人也要改。他到處講中國人沒有效率，可是沒有人聽他的話。於是，他便理解到親身體驗的重要性，沒有這個經歷，中國人要改很難。

興趣是學習的關鍵

周指出他的老師非常重視興趣，強調**沒有興趣，甚麼東西都學不好**。他在聖約翰大學學習，那所教會學校有比較好的教學條件，圖書館內有很多書、報、雜誌。老師非常鼓勵學生去圖書館**廣泛閱覽、培養興趣**。

周認為：“興趣是自然產生的，不是勉強的。現在的教育負擔太重，**孩子們沒有一點自己的空間，興趣也就沒有生長的土壤。**"他上的中學、大學都是當時最好的學校，但他們的學習非常輕鬆。"中學時九點鐘才上課，上午只上正課，下午是遊藝課。遊藝課包括圖畫、音樂、寫字等內容，不考試不計分數，很輕鬆。"他們沒有任何家庭輔導，因此學習得很輕鬆很快樂。"**興趣就是在這樣一個沒有太多壓力，有很多空閒時間幹自己喜歡的事情的過程中產生了。**"上學時，他利用課餘時間讀了不少語言學方面的書籍。

周先生更認為小學、中學不能學得太多，要給孩子們時間玩。一個人有空餘時間才會去思考。

那時周所讀的中學和小學有許多很優秀的老師，老師讓他們在日常學習中覺得很輕鬆。周認為："一定要輕鬆才能學得好，緊張是學不好的；**不是壓力越大就學得越好**，壓力太大學習效果就不會好。孩子不管不行，但不能管得太多。"他主張教育要提供寬鬆的環境，他們的老師當時強調興趣。"**興趣是自己產生的，不是外來的；是必然的，不是偶然的**，一個人一定會有某種或某些興趣。必然的興趣同偶然的機會結合，就能成就事業。"周的語文改革成就也是如此。

周認為領袖人才是在社會中自然產生的，不是學校教育能夠培養的。中學階段應該給予學生培養興趣的機會，"**你給他灌輸東西，腦子裝得滿滿的，他就沒有自己的空間和興趣去學東西了**"。他的襟兄弟沈從文早年很窮，沒有老師指導，小學都沒有畢業，他的學問是自學來的。"他（沈從文）自己說是'鄉巴佬進京'，誰理他？他寫的小說像法國小說，但他不懂外文，他是自己看翻譯小說學會的，這完全憑興趣。有人看小說，看到半夜還不休息，是因為有興趣。"

通過比較找到學習的規律

僅僅研究一種語言的語言學是不完備的。在周研究文字學之時，文字學一向專注研究漢語的漢字，連非漢語的漢字都不在研究之列，其他的文字就更不會成為研究對象。文字學創始於中國，但是國人只研究漢語的漢字是不夠的，因為沒有比較就不能發展。故此，周提倡一定要建立"比較文字學"，**比較以後就可以看到規律**，並且寫了《比較文字學初探》一書。其後他更從世界文化探視中國文化。

學習的目的和知識的分類

周認為通識教育（general education）主要由兩個部分組成。第一部分是基礎知識，也可以說是"工具知識"。他在中學時學校裏只有國文、英文和數學設有考試，小學生和中學生要把這些工具知識學好。他認為許多人有個錯誤的認知，以為學好了中文或者英文就是有學問，其實中英文都是工具而已。周認為通識教育的第二個組成部分是"純知識"，大學生要利用"工具知識"來學習"純知識"。他認為許多學生苦，主要是中學時候基礎知識沒學好，進了大學還要補英文，苦不堪言。

周就讀的大學一年級時不分專業，任君選擇。理由是：**還弄不清楚專業，你就自己定了**，這是不好的。所以周在一年級的時候選了一門語音學，讓他對語言學慢慢有點兒了解。不過，周後來修讀的專業是經濟學。

周比較蘇聯和美國的教育：蘇聯旨在培養專家，學生一畢業出來就是很好的工程師；美國不去培養高級工程師，大學生未來發展的可能性很大。兩相比較下，兩種教育模式的利弊得失變得更清楚了。

通識教育的好處，就是可以選修的課程比較廣泛，學生同時學到了自修的方法。周在大學讀書時，主修的是經濟學，同時對語言文字有興趣。因為**"受了通識教育的好處，知識基礎比較廣"**，所以改行的過程中並沒有出現太大的困難。

語文是學習的工具

周主張"讀書按比例"。既要讀文藝欣賞的書，更要讀知識理性的書；一方面培養形象思維，一方面培養邏輯思考。偏食病不利於保護健康，偏讀病不利於發展思維。要提高語文作為學習工具的效率。

周認為英文很容易學好，只要學習者重視它就會好的。中學時他們學校的英文教師都是教會學校畢業的，學生能用英文參加演講比賽，英文不過關不能畢業。實際上他們只要在中文、英文、數學三門課下工夫，旁的都不用那麼注重，校內很多課不用考的。周認為那時候比較輕鬆而學得好，今天的學生們則把時間都浪費掉。

一走進聖約翰大學，所有佈告都是英文的，連門房都講英文。周立刻拿中文和英文作對比，便得出如下的結論："**一比較，中文沒有英文方便**，文字要講方便哪。特別是那時打字機在中國還很少，可是聖約翰大學裏面的很多學生有打字機。我沒有，我窮得很，連打字機也買不起，所以印象很深刻。"從那時開始**他便覺得中國的語文要改革，否則就不能適應時代的需要**。自此，他對語文研究產生了興趣。

提倡漢語拼音的前提

周從大學一年級開始，就對語言產生興趣。他甫進聖約翰，語言生活就完全改變了，因為聖約翰一天到晚都講英語，除了中國文學和歷史以中文授課，其餘一概用英文進行。周認為："用了英文，就知道英文的方便、字母的科學管理方法，一系列的事情都不一樣。不僅僅是字母的問題，管理也是重要條件，英語的管理方式無法應用在漢字上。"

雖然周是《漢語拼音方案》的主要指定人，但他對拼音的作用有清楚的認識："**拼音字母不是代替漢字的，是來幫助漢字的**"。詳細說來，即是："拼音字母讓國內廣大的羣眾，特別是文盲羣眾能夠從文盲的狀態走進中國的文化。所以，有人說拼音字母在中國國內是一把文化的鑰匙，有了這個鑰匙就可以開啟文化寶庫之門。在國際上，它是一個橋樑，使中國文化走到外國，使外國文化也走進中國。"

學習要擺脫自己的限制

周曾說："觀察自己的一生要跳出自己。"他是這麼說的，也是這麼做的。從看中國人的識字問題，發展到看世界文字的發展；探討比較文字學，進而深入研究人類文化發展的規律問題。周把研究結果編成了三本書《世界文字發展史》、《21 世紀的華語和華文——有光耄耋文存》和《有光百歲新稿——歷史進退匹夫有責》，它們分別在周80歲、90歲和100歲時出版，實在令人不得不驚歎。

考核的作用和處分的效果

周強調學習應該是自動的，不是強迫的。這種教育思想和方法與我們現在的很不一樣。周在中學時，"每學期也要考試排隊，平時則沒有，老師也**不會處分成績差的學生，不會看不起他們**"。處分學生不是一個好辦法，因為它會壓抑學生的思想和精神，影響完善人格的發展。

周對教育現況的看法

周說："我們今天教育為甚麼**搞得這麼糟糕呢？因為我們沒有科學的教育學**，當然教育搞不好。為甚麼沒有科學的教育學？因為中國沒有引進科學的教育學。我們今天引進了國外的自然科學，至於社會科學，現在只引進了一個部分——經濟學，因為我們要發展經濟啊。至於社會科學的其他學科，還差得非常遠。"

小結

整體來說：周有光重視思考，特別是獨立思考；他也強調動機和親身經歷對學習的重要性；而怎樣提高學習效率則成為他人生的關鍵命題之一。

周有光對學習的看法，還包括通過比較尋找規律、知識需要廣闊的基礎、要擺脫自己的限制，他也討論到考核的作用和處分的效果，及提到個人對當前中國教育的看法。

這些看來是微不足道的學習方法，對周有光來說，卻是"終身遵行，自覺有益"。

高錕的學習背景和學習特徵

獲得諾貝爾物理學獎,曾任香港中文大學校長的高錕,在自傳《潮平岸闊》[1]中強調受到父親和學校很好的培育。所以下文將先概述這兩方面的情況,然後分析他的學習特徵。

父親的培育

高錕在小學六年級時已經開始進行化學實驗,但是一次小意外讓他遠離化學品。沒多久,他和同學發現了無線電的樂趣。他在商店裏看到一盒無線電收音機的零件套,便央求雙親買給他。當時父親鼓勵他繼續嘗試,並提出如果他能夠成功,還會買更多零件給他造更多別的款式的收音機。父親的支持使他受到很大的鼓舞。

本來,高錕非常敬佩他的父親,因為他一直能夠好好地回應高錕稀奇古怪的問題。但有一次,他父親竟然不能順利回答他的問題。小小的高錕感到很困惑,他的偶像原來並不是他心目中的通天曉。同時他也理解到人的局限,沒有人能夠甚麼都知道的,而有所不知也正是人類繼續求知的動力。父親當時說的一番話對他很受用:"你會發現,有很多事情是我們不知道或不了解的,沒有人能掌握一切知識。"這句話讓高錕銘記一生。是他的父親啟發引導他不斷尋索、學習。

---

1 本文參考了高錕:《潮平岸闊——高錕自傳》,許迪鏘原翻譯,余非書稿縮簡,香港:三聯書店 (香港) 有限公司,2013 年版。

學校和教師

小學中文科女教師在教授書法時很有耐性，驅使大家努力把書法寫好。有一次她對高錕説："我很喜歡你寫的字。"這句説話自然是一個莫大的鼓勵。他覺得她對每個同學都盡心關懷。在舊同學聚會裏，這位老師已經九十多歲，仍然勾起他們許多美好的回憶。

高錕就讀的中學和老師給予學生很大的自由，讓他得以在理想的環境裏學習。老師認真盡責，對他多加勉勵。同學們則活潑好動、富好奇心，而且自然爽朗。他們一起遊戲、學習、聽古典音樂、表演舞蹈和話劇，也自發地學習新的事物和技術。同學們盡情發展和享受他們的友誼，學校也容許並鼓勵學生自由思考和多元發展。

一些課堂活動也令他留有深刻印象。一次化學課教師講授勒沙特列原理，該原理指出所有自然化合物，都是通過構成此化合物的各種元素互相施加的壓力減至最小的過程而形成。個子細小的化學老師，為了説明這個原理而和同學一起親身示範，叫班上的同學用力推他直到課室的一角，但直接把他推動的其實只有兩三位同學，這幾人又是被別的同學推動，這樣子就把一個抽象的概念簡單明瞭地讓大家明白了。

教師生動有趣的示範，在高錕的腦海中留下了深刻的印象。他得感謝老師打開同學們的心扉，讓他們用這麼具體而簡單的方法，認識一些抽象和複雜的概念。在預科一年級裏，學校還為預科同學們提供了很多自由發揮的機會。

自學

小學時，高錕和另一位同學對化學都具有濃厚興趣，然而兩人的父親對科學所知不多，故此只好自行摸索。那時，不少化學品都可以在店裏買到。他們很快便在自己的家裏設立實驗室，大量閱讀科學普及讀物，並嘗試做一些簡單的實驗。

就讀預科的學生擁有不少"特權"——當"學長"，做老師的助手，甚至協助老師批改測驗卷。學校作出這樣安排的目的在於培養他們的責任感。這種生動的教學方法對學生的幫助很大大，使他們"不用再生吞硬記老師講授的內容"，而是"在老師的引導下，自己尋求答案"。這個學習的歷程教會了高錕運用圖書館材料，並通過與老師討論達至自主學習。

怎樣通過解決問題去明白所學

接受小學教育的日子裏，高錕不但學會讀、寫和算，更有機會通過有趣的方法，探索更廣闊的知識，而且常常得到教師專心致志的指引，在同學間互相推動的良好氣氛下學習。他掌握了謹記大量資料、運用各種學習工具的技巧，但絕不是硬背死記，而是利用這些資料和工具，動腦筋解決問題。教師和學生並不是如筆者在序言內所說的，只是扮演錄音機和複印機的角色。即使在大學裏，高錕的學習重點也只是如何利用工具，發掘更深更廣的知識，並且觸類旁通。他能將思想的羈絆減到最少，從而獨立思考。

今天的人們在大學裏所學的知識，只有一小部分在工作上派上用場；在中學和大學裏所受的嚴格訓練，只是令人們"學會學習"。

因此教育必須有助於啟發學生的心靈，讓他們培養興趣和毅力去處理學習中遇到的困難和挑戰，掌握追尋及運用知識的能力。而知識的傳授應有針對性，又能引起興趣。學校的能力測試及評估，不應只是要學生將課堂上所學原原本本地搬出來，而是要測試他們能否運用學過的新技能去解決不斷出現的新問題。

通過"教"去學，和友伴一起學習

升上預科，許多同學都成為學校的得力助手，主要工作為照顧低年級的同學。當時高錕沒有想過這個責任背後的重要意義，後來回想，才醒覺這類活動有助培育他們成為富責任感的成年人，為將來進入社會作好準備。學校的確把學生當作成年人看待，而學生也很重視和喜愛自己的角色。

基於老師和同學的扶持和互助，高錕克服了從內地移居到香港的適應問題，可以和同學們一起學習。學校內親切的氣氛、志同道合的新朋友，均對他的學業有莫大裨益。高錕在成年後回憶說，正是"在充滿熱誠的老師教導下、在與同學一起進行的各種課外活動中、在讓學生自由探索的學習環境中"，他的思想開始"成形"，自信心開始建立。

小結

子曰："學而時習之，不亦說乎！"高錕的理解是："學以致用，是最令人快樂的一回事。"孔子的話給他莫大的啟發，促使他運用自己的思考，發揮對事物獨特的見解。正是這樣一種學習哲學，引領他成為一名出色的工程師、大學校長和諾貝爾獎得獎人。

從蘇格拉底到比爾‧蓋茨：

西方名人的學習觀

蘇格拉底對學習的理解和實踐[1]

蘇格拉底（Socrates）比任何人都更能體現雅典精神對現代化進程的推動作用。偉大的歷史學家湯因比（Toynbee）指出：“在雅典最輝煌的半個世紀裏，它所綻放的最美麗的花朵不是一座雕像、一棟建築或一部戲劇，而是一種精神：蘇格拉底的精神。”

早期的希臘哲學家大多把焦點放在宇宙的本質，他們的學說主要圍繞於論述物質的基本形式和地球在宇宙中的位置。而蘇格拉底的與別不同，就在於他使哲學回到了現實。面對人類社會和日常生活中所面臨的問題，他是第一位會進行認真思考的哲學家。

和孔子的分別

西方與中國在教育傳統上的差別，其實早在蘇格拉底與孔子的時代就奠定了基調。《柏拉圖對話錄》中蘇格拉底的說話，以及《論語》裏孔子的語錄，就是最好的標誌。

如果蘇格拉底代表永無休止的追問，孔子則極少讓他和學生，特別是學生之間通過思辨過程而得出結論；前者激發學生，後者注重告訴學生怎樣做。蘇格拉底只是學生們通向更高思維歷程的“助產士”，其身後有青出於藍的柏拉圖以及後來的亞里士多德；而孔子的後學們，除了孟子和荀子較能提出獨立的見解

---

1 本文參考了 Ronald Gross, *Socrates' Way: Seven Master Keys to Using Your Mind to the Utmost*, New York: Jeremy P. Tarcher/Putnam, 2002。

外，絕大部分卻永遠都活在孔"至聖"的籠罩之下，但孟荀二人都沒有對孔子提出異議。

父母親是榜樣

蘇格拉底經常說，他與父母的工作本質是一樣的，那就是"把內在的東西引導出來"。他的母親是一位助產婦，父親是一位石匠。他的母親幫助孕婦生育孩子，他則幫助人們想出最好的觀點。實際上，在閱讀他的對話錄時，我們經常可以聽到他在喊："加油！加油！你能夠想出一個更好的觀點。"這個過程常常是痛苦的，但又是極其快樂的。這是筆者經常提出的"痛快"學習觀：在困惑中，通過克服困難、解決問題，最後獲得成功學習的愉快。

蘇格拉底年輕時還做過石匠，並繼承了父親的手藝。但不久之後，他發現自己應該雕琢的東西不是石頭，而是內在的人格。

對學習的理解

對蘇格拉底而言，教育就是對話、探討，並在此過程中培養學生的探究意識與對未知領域的濃厚興趣。學習是為了促進思考，而不是為了記憶而記憶。我們永遠不要忘記愛因斯坦的警告："只有將課堂上所學的東西完全忘記之後，剩下的才是真正的教育。"

蘇格拉底是一個提問者，他不會直接發表他的意見、結論或信條，只會向我們提出問題，並且激勵我們去深思熟慮、改變觀點，甚至取得驚人的發現。無論是在思考"勇敢和智慧"的本質時，還是在探討導致機構腐敗的原因時，他都會運用這種方法來分析每件事情。

蘇格拉底法

蘇格拉底和別人探討知識時，不會強制別人接受。他發明和使用了問答式教學法，通過和別人共同談話、共同探討問題的模式來獲得知識，即所謂的"蘇格拉底法"。

"蘇格拉底法"包括諷刺（不斷提出問題使對方陷入矛盾之中，並迫使其承認自己的無知）、催生（啟發、引導學生，使學生通過自己的思考，得出結論）、歸納和定義（使學生逐步掌握明確的定義和概念）等步驟。由於蘇格拉底把教師比喻為"知識的產婆"，因此，"蘇格拉底法"也被人們稱為"催生法"。

生活的藝術

在蘇格拉底看來，精神生活的本質不是謙卑地服從神聖的權威，而是按照自己的意圖來利用各種工具和高超的技藝塑造自我。根據 Ronald Gross，他享受"生活的藝術"的工具包括：

1. 認識你自己　2. 提出問題　3. 獨立思考　4. 解放思想
5. 與朋友一起成長　6. 說真話　7. 加強你的精神

筆者把上述七點，根據蘇格拉底對學習的看法，重新組織成下列四點。

1. 對話

蘇格拉底通過**對話**的方式來探討問題，因為只有通過互相幫助，我們才能看清自己。我們要向他人表達和證明自己的思想，並且聽取別人的意見。在吸收別人的意見後，對自己的思想有機會作出改進。

當一羣朋友在一起享受友好的對話的時候，你會看到突然發生了一件不尋常的事情。當他們開口說話的時候，就彷彿點燃了一朵火花，它從一個人傳遞給另一個人，並且在傳遞的過程中越變越大，最終變成了一團溫暖而明亮的火焰。那是相互理解的火焰，沒有人能夠單獨把它點燃。

——蘇格拉底（見《柏拉圖對話錄》〈申辯篇〉）

這正是蘇格拉底不願意通過寫書來傳播他的思想的原因之一。在寫書的時候，"你不知道要對誰說話"，因為你不知道誰是你的讀者。因而蘇格拉底更注重面對面的交流，只有在這樣的場合，他才可以根據每個人的需要來調整傳達的資訊。

蘇格拉底不只和別人對話，更整天嘗試和自己對話。他指出：他一邊向愚蠢而固執的對話者道別，一邊歎息自己還要把這場對話繼續下去。他解釋說，在他的家裏還有個更煩人的傢伙在等着他，那個人一天到晚都坐在那裏，並且會把白天的對話延續到深夜。

蘇格拉底的意思是說，即使在只有他一個人的情況下，他也可以進行這樣的對話。有人把這種現象稱為"二位一體"。"蘇格拉底在回家之後也不得安寧，他還要和他自己待在一起。他必須與他自己達成妥協，因為他們生活在同一個屋簷下，而一個人寧願得罪全世界的人，也不願得罪那個他每天回家後都必須一起生活的人。"

2. 提出問題

> 我接近真理的方法是提出正確的問題。
>
> ——蘇格拉底（見《柏拉圖對話錄》〈普羅泰戈拉篇〉）

我們在小時候都聽過和問過一些簡單而重要的問題。但遺憾的是，學校教育非但不多加培育，反而窒息了這種與生俱來的好奇心和勇氣。大多數人開始認為這樣的問題是不適當的、魯莽的、天真的、煩人的、浪費時間的、不得要領的，甚至是愚蠢的。

恰恰相反，提出問題才是終身學習的基礎。《教學是一種顛覆性的活動》[2]一書提到："一旦你學會了提問，學會了提出有意義的、恰當的和實質性的問題的方法，你就掌握了學習的技巧。從此以後，再也沒有人能夠阻止你學到你想學到的任何東西。"

3. 思考

蘇格拉底經常嘲諷那些拒絕思考的人。對於那些借口人類的理性有缺陷而拒絕思考的人，蘇格拉底絕不妥協。

他說："如果一個人因為發現他所珍視的信念竟然是錯誤的，就從此放棄了對真理的尋求，那實在是一件可悲的事。他應該責備自己未能證實這些信念，而不是回過頭來反對思考。那樣一來，他就會在餘生中以理性為敵，並且說出一些歪曲理性的話。"

蘇格拉底不會像大多數人那樣，為了迴避一個具爭議性的重要話題而敷衍道："你有你的觀點，我有我的觀點。讓我們保留自己的不同意見吧！"在他看來，這種做法是在逃避不容逃避的

2　Neil. Postman and Charles Weingartner, *Teaching as a subversive activity*, New York: Delacorte Press, 1969, p.23.

對話，是在拒絕通過交換意見來審查我們的信念。他告誡自己的朋友們說：“不要認為根本不存在完善的推理，而要認為我們的思想還不夠完善，並且要力爭成為更出色的思考者。”

4. 解放思想

> 如果一個囚徒獲得了釋放並且站立了起來，那麼當他轉身走向光明的地方時，他會發現以前所看到的一切都是虛假的和騙人的，但現在他終於可以看到真相了。
>
> ——蘇格拉底（見《柏拉圖對話錄》〈理想國〉）

對於這個**洞穴比喻**，蘇格拉底有如下的解釋：“有時候，人有機會抵達更高的世界並發現事物的真相。當他待在上面的時候，他會憐憫那些仍然待在洞穴裏的可憐的囚徒。但當他返回洞穴之後，他會為上面的陽光感到茫然，並且重新在黑暗中摸索和徘徊，他還要遭受那些一直住在幽暗世界裏的囚徒的嘲笑。”

然而，從洞穴走向光明時，那個囚徒會感到痛苦；而擁有新視野的囚徒重返洞穴時，不僅再次承受痛苦，還要面對被殺掉的危險。

後話

七十高齡的蘇格拉底最後被三個雅典公民以不崇拜公認的神、散佈新思想（即他對自己的良知的信賴）和腐化青年的罪名告上了法庭。在一場審判之後，他被判處了服毒自殺的刑罰。蘇格拉底的哲學有一個特點，即是他暴露於凶險的輿情之中。相對其他先哲，蘇格拉底特別愛討論善惡道德的問題；而且他堅持教導所有人，縱然面對死亡的威脅，也要堅持正義。蘇格拉底雖然死了，但仍然活在與他的朋友們的對話之中。

愛迪生是自學的典範[1]

> 失敗也是我需要的，它和成功對我一樣有價值。只有在我知道一切做不好的方法以後，我才知道做好一件工作的方法是甚麼。
>
> ——愛迪生

湯瑪斯·阿爾瓦·愛迪生（Thomas Alva Edison）是位通過**自學**獲得成功的科學家。在人類歷史上，他第一個在從事發明研究工作時，利用了大量生產原則和電氣工程研究實驗室，對後世影響深遠。他發明的留聲機、電影攝影機、電燈對世界有極大的貢獻。他一生共有兩千多項發明，擁有一千多項專利。筆者在下文中列舉分析了愛迪生獲得成功的多個因素。

母親的培育和鼓勵

愛迪生從小就是一個過動兒，即患有當今教育心理學中典型的 ADHD（Attention Deficit Hyperactivity Disorder 注意力缺失過動症）。

由於患病，愛迪生比一般孩子較晚才開始接受學校教育。然而他愛發問、愛動腦子的習慣，令學校裏思維僵化了的老師大為

1　本文參考了：Frank Lewis Dyer and Thomas Commerford Martin, *Edison, his life and inventions*, Champaign Ill.: Project Gutenberg, Boulder, Colo.: NetLibrary；何立麗編著：《愛迪生》，烏魯木齊：新疆人民出版社，2002 年版；季天然：《愛迪生》，杭州：浙江少年兒童出版社，2006 年版。

光火，飭令他退學，結果愛迪生只在學校度過了三個月的時光。愛迪生的母親毅然把兒子帶回家，並用自己的方法傳授知識，同時鼓勵他讀書和做實驗。從這一刻起，愛迪生開始擺脫了很多兒童都很難避免的、僵化的學校生活，他的一生從此開始全新的發展。他之後把他的成功歸因於他的母親，因為他正是為了不讓母親失望而終身努力不懈。

傳說他的母親收到學校退學通知書後，告訴愛迪生老師認為他是天才，學校沒有適當的師資，需要由母親自行教導他。母親去世多年後，愛迪生在她的遺物中，才發現該退學通知書的真正內容是：「你的兒子智力不足，不適合在我們的學校就讀，我們要開除他。」

每事問的愛迪生

愛迪生整天都有很多有趣的問題去問成年人，他會問：「一加一為甚麼等於二而不是四？」，「為甚麼蘋果會有紅色的和綠色的？」，「為甚麼蜜蜂的家和我的家不一樣？」，「為甚麼人天生沒翼不懂得飛？」，「風是怎麼產生的？」……一大串很難回答的問題，令到成年人很多時都啞口無言。其實，不少兒童，包括你和我小時候都會提出類似的問題，但大多數人都缺乏鼓勵和其他條件，促使我們好像愛迪生一樣去繼續探索。

廣泛閱讀

愛迪生在母親的指導下閱讀了大量傑出作品，如劇作家莎士比亞（William Shakespeare）、作家狄更斯（Charles John Huffam

Dickens）的文學作品，愛德華・吉本（Edward Gibbon）的《羅馬帝國衰亡史》（*The History of the Decline and Fall of the Roman Empire*）、大衛・休謨（David Hume）的《英格蘭史》（*The History of England*）等重要的歷史書籍，以及思想家湯瑪斯・潘恩（Thomas Paine）的一些作品。

母親見愛迪生在科學學習上的進度那麼快，認為他會對這個學科有興趣，於是送了本由柏加（R. G. Parker）寫的書《自然哲學的學校》（*School of Natural Philosophy*）給他看。

這本書精深博大，即使成年人也未必能夠看得懂，更何況愛迪生還是那麼一個小孩子。讓人意想不到的是，他克服了種種困難堅持把書讀完。雖然未能完全理解裏面涉及的豐富知識，但是他卻從中領悟到一些從事科學研究所應有的態度。

愛迪生讀畢全書後醉心科學，而母親亦已經在家中一個地下室預備了一角給他進行實驗。

發明的第一步：進行實驗

愛迪生小時候進行過很多的實驗活動。

他想要看看橋樑可不可以支撐過橋者的體重，於是在小河上架了一座小橋，自己再走上去試試看。當他站在橋上時，橋斷了，他立刻掉進水中。

有一次，他突然想到，既然母雞能孵蛋，人類能不能孵蛋呢？於是，他就跑去雞窩，拿了一顆雞蛋，自己坐上去。害得家人以為他失蹤了，四處尋找。

小小的愛迪生好奇 "火" 是怎樣燃燒的，於是向他父親的木廠工人請教，也沒有得到答案。於是他自己在貨倉的一角點火，怎料差點把整個貨倉燒掉。

他的母親鼓勵他自己動手做實驗。有一次，他們談論到伽利略的 "比薩斜塔自由落體實驗"，母親建議他親自到高塔上嘗試這個實驗。愛迪生將大小、重量不同的兩個球同時從高塔上拋下，試驗結果是兩個球同時着地。這次實驗令愛迪生覺得很神奇，也銘刻在了他的腦海裏。

學習做生意

做蔬果生意

愛迪生 11 歲時，意識到做實驗要有一定的資金，於是找朋友一起種菜，運到市集出售賺錢。人們見到兩個賣菜的小朋友很可愛，於是都樂於購買，生意出乎意料的好。遇到有人想買一些他們手頭上沒有的特別蔬果，愛迪生還懂得以低價向其他小販買入，再漲少許價錢轉售，可見他小時候已經很有商業頭腦。

賣報紙和製作週報

進行大規模的實驗需要很多經費，12 歲的愛迪生開始在火車上賣報賺錢。三年後，他開始利用車廂內的印刷機印刷發行週報。這份報紙——*Grand Trunk*，是世界上第一份火車報，由 15 歲的愛迪生在獲得鐵路公司許可的情況下自行發行。

見義勇為

1863 年 8 月，15 歲的愛迪生在密蘇里州（Missouri）一個火車站上，見到一個小孩子在火車軌上面玩耍，快要被一架列車撞倒，他立即奮不顧身衝出去救回了那個小孩子。原來這小孩子是曼特基利文斯車站（Station Mount Clemens）站長麥肯治（J. U. Mackenzie）三歲的兒子占美・麥肯治（Jimmie Mackenzie）。麥肯治極之感激，他知道愛迪生想成為一個電報員，為了報答他對兒子的捨身相救，於是答應教他學習電信的各種技術。半年後愛迪生已經取得電報二級技士的資格。

1864 年，愛迪生正式受聘成為一個集團的電報技術員，有空時就繼續看有關科學的書籍和做實驗。有一次連接美國和加拿大的河底電纜斷裂，愛迪生靈機一觸，用火車頭的汽笛發摩斯訊號（Morse code）給加拿大對岸，而對面的發報員真的收到訊息，於是愛迪生一夜成名。

小結

愛迪生曾說："天才就是百分之九十九的汗水加百分之一的靈感。發明是百分之一的聰明加百分之九十九的勤奮。"但是，他和很多成功人士一樣，都有一個愛護他的家庭、豐富的好奇心、廣泛的閱讀興趣……而愛迪生相較其他人更加突出的特點，是他的自學態度、能力和見義勇為的精神。

愛因斯坦的學習旅程 [1]

人生有如騎單車，欲保持平衡唯有不斷前進。

——愛因斯坦致二子家書

在《愛因斯坦：他的人生，他的宇宙》一書中記載着："在愛因斯坦生命接近尾聲時，紐約州教育局曾請教他學校應該加強哪類課程，他回答道：'在上歷史課時，應該多探討哪些人靠着獨立的個性和判斷力，造福全人類。'這正是愛因斯坦的寫照。"

本文將簡介愛因斯坦的（Albert Einstein）學習特色，家庭、朋友和學校對他的培育，音樂對他的成長有甚麼影響等。

學習的特色

愛因斯坦從當學生開始，從來都不喜歡死記硬背，非常討厭被要求以這種方式學習的語文科，包括拉丁文和希臘文等科目。後來他成為理論物理學家，也是源於想像和創造力。他曾在接受普林斯頓一家高中報紙的訪問時指出："當年 12 歲的我，發現在沒有任何外在經驗的幫助下，單純經由推理也能發現真理時，內心很震撼。"

---

1 本文參考了：華特・艾薩克森：《愛因斯坦：他的人生，他的宇宙》，郭兆林、周念縈譯，台北：時報文化出版企業股份有限公司，2009 年版；霍夫曼：《愛因斯坦傳》，海倫・杜卡斯協作，李昕譯，香港：南粵出版社，1980 年版；于爾根・奈佛：《愛因斯坦》，馬懷琪、陳琦譯，台北：五南圖書出版股份有限公司，2013 年版；愛麗絲・克拉普萊斯、特拉沃・利普斯康姆：《一路投奔奇跡：愛因斯坦的生命和他的宇宙》，邱俊譯，北京：國際文化出版公司，2007 年版。

他也極力反對機械式的學習，和毫無意義的反覆操練。在他眼裏，老師跟軍人沒兩樣，他認為小學老師好像軍隊裏的班長，中學老師則是中尉。

他具有建構出複雜的方程式的數學天賦。他看待數學的眼光獨特而透徹，在他眼中，數學是"用來描述天地萬物的天然語言"。換言之，在他眼中，方程式是反映在現實世界中的。他曾肯定道："想像比知識更重要。"

"反思"能力是他學習的特色，具體表現在質疑傳統、挑戰權威，並且對一些看似平凡的事感到驚奇有趣。例如，他小時候生病，父親送給他一隻指南針。當他感覺到驅動指南針移動的那股神秘的力量時，他就感受到了這種有趣和和驚奇，這種發現新事物的興奮一直驅動着他，伴隨了他一生。

愛因斯坦一生保有赤子一般的情懷。面對自然界的許多現象，如磁場、重力慣性、加速運動與光線等，一般成人覺得稀鬆平常，但他都能以驚奇讚美的心情去面對。他晚年曾寫信給朋友說："像我們這種人永遠不會變老，因為置身於偉大奧秘之前，我們永遠都像好奇的小孩。"愛因斯坦成功的關鍵就在"自學"，而這種自學與他那種狂熱的好奇心是分不開的。

他尊重自由意志，以個體為基礎建立他的道德觀和政治觀，高壓統治讓他厭惡。他表示："培養個體性很重要，因為唯有個體才能產生新觀念。"

以"反思"為基礎的思維方式將愛因斯坦塑造成叛逆者，但他是尊重自然的和諧的，他致力於"用想像力和智慧改變世人對宇宙的理解"。這些特質在當代這個全球化的新世紀，至為關鍵。

家庭的陶冶

愛因斯坦的父母是一對恩愛的夫妻：父親思想開明，是一位樂觀的商人，卻特別愛好數學；而母親則具有藝術家的氣質，熱衷於彈鋼琴。父母就數學和音樂兩方面對他的陶冶，奠定了他將來的研究基礎。在這個家庭中，宗教方面不死守教規，彌漫着自由精神。

雖然愛因斯坦在中學的求學過程很愉快，但成績並不平均。不過他一直獲得父親的支持。他的法文及化學成績不好，和上面曾經提到的一樣，他特別排斥語文科。愛因斯坦的父親卻依舊接受他成績的差異，提供空間讓他自由成長。

心理學家加德納（Howard Gardner）認為，愛因斯坦的父母能夠讓孩子安安靜靜地在一旁幻想，這是他特殊的成長歷程中一個非常重要的因素，因為這給了愛因斯坦自在從容地追隨自己好奇心的機會。

愛因斯坦的叔叔雅可布（Jakob Einstein）是一位工程師，在愛因斯坦上小學期間就開始教他基礎數學。叔叔以遊戲的方式向還是孩子的愛因斯坦詳細講解由圖形和公式所組成的抽象世界，又用有趣的方式給他講解代數和幾何的原理，為他奠定了良好的數學基礎。

朋友的激勵

愛因斯坦的一位摯友——貧苦的俄國醫學生塔木德（Max Talmud）——是對激發愛因斯坦智力有很大的貢獻的人。塔木德為愛因斯坦帶來了一套流行的圖畫書《大眾自然科學讀物》（*People's Books on Natural Science*），促使愛因斯坦非常投入地學習。愛因斯坦從這本通俗讀物中知道了整個自然科學領域裏的主要成果和方法。這套書共 21 冊，作者為伯恩斯坦（Aaron Bernsrein），全書着重生物和物理的關係，很仔細地描寫了當時（尤其是德國）的科學實驗進展。例如，伯恩斯坦在第一冊開頭便談到光速，這個主題讓愛因斯坦十分着迷。從愛因斯坦後來創造相對論使用的思考實驗來看，伯恩斯坦的書顯然影響深遠。

塔木德也幫愛因斯坦繼續探索數學的奇妙世界，他送給愛因斯坦一本幾何學教科書，比學校課程早了兩年。愛因斯坦後來總會語帶敬畏，稱這是一本"神聖的幾何學小書"。愛因斯坦後來在牛津大學講課時也提到："如果歐幾里得無法燃燒你年輕的熱情，那麼你天生不是科學家。"

塔木德每星期都來訪愛因斯坦家，愛因斯坦總是開開心心地給他看那個星期解出來的問題。一開始，塔木德還能幫忙，但很快便被超越了。短短數月之後，愛因斯坦已經做完整本書。塔木德回憶說："他開始投身更高深的數學……很快他的數學天才已經翱翔天際，讓我無法企及了。"

塔木德轉而介紹哲學給愛因斯坦認識。他回憶道："我跟他推薦康德（Kant）。那時他還是 13 歲的孩子，但平常人難以理解的康德，對他似乎很清楚。"有一陣子康德成為愛因斯坦喜愛的哲學家，他專注於閱讀其《純粹理性批判》(*Critique of Pure Reason*)，並啟發他接着鑽研休謨（David Hume）、馬赫（Ernst Mach）等哲學家的著作。

愛因斯坦和一位哲學系學生蘇羅文（Maurice Solovine）、一位數學家朋友哈畢特（Konrad Habicht）是好朋友，他們三人聚合在一塊討論哲學、物理學問題，有時也會談到文學或其他有趣的問題。這種討論既熱烈又吵鬧，而愛因斯坦總是充當主角。討論會通常在愛因斯坦的住所進行，在一頓簡單的晚飯後開始，一直延續到深夜。三位朋友一起閱讀、分析科學的主要問題，這對愛因斯坦思想的發展確實有着深刻的影響。

學校的栽培

對愛因斯坦來説，有機會入讀瑞士阿爾高邦（Aargau）的亞勞（Aarau）市立中學是他後來獲得成功的一個關鍵因素。該校教學理念以 19 世紀初瑞士教育改革家裴斯塔洛齊（Johann Heinrich Pestalozzi）的哲學思想為基礎。他的教育觀點主張通過營造學校"家庭化"的溫馨情境，積極提升兒童的"內在尊嚴"。他認為"直接觀察"是兒童獲得知識最簡易也最可靠的方式，故此，他以"直觀教育思想"鼓勵兒童充分運用感官與大自然界接觸。裴斯塔洛齊自己的教育實踐中，經常帶孩子到山川溪流去直觀大自然。

這種教育觀可以"教育園丁論"來具體説明。裴斯塔洛齊認為，栽培植物，只要給予種子充分、自由生長的空間，自然可以讓植物茁壯成長。人的潛力開發亦是如此，教師應該扮演園丁的角色。他進一步認為自然是比人更佳的教師，因而鼓勵允許學生利用一系列方法達成自己的結論，包括：從親自參與觀察開始，進而訴諸直覺、概念思考及視覺意象；甚至有可能利用這種方法，來學習與確實了解數學和物理法則；反對一切機械背誦、記憶和填鴨的方法。

愛因斯坦愛上亞勞了。他妹妹回憶説：“學生在那裏被當人對待，強調獨立思考，更甚於權威的意見。年輕人不是將老師當成權威人物看待，而是與學生平等、也有自己個性的人。”而愛因斯坦討厭的正是與之完全相反的德國教育，他後來表示：“相較於六年的德國獨裁式學校教育，我清楚了解到這種強調個體自由與責任的教育，比仰賴外在權威的教育更優秀。”

音樂與他的研究的關係

愛因斯坦的深刻恰恰在於他的單純，而他所研究的科學，其精髓就源於他有一種藝術家的才華——造就了他的研究“特別的美感”。有一次他談到對數學、物理和莫札特（Mozart）的看法，曾説了一句話：“當然，像所有美麗至極的事物一樣，莫札特的音樂簡單純粹。”

對音樂（尤其是莫札特）的喜愛，可能反映出他對宇宙和諧的感覺。莫茲柯夫斯基（Alexander Moszkowski）根據兩人的談話，在 1920 年出版一本愛因斯坦傳記，他提到：“音樂、自然和上帝在他內心混雜，既是情感、道德要求，也是永恆的事物。”

莫札特和巴哈（Bach）的音樂具有清楚的組織結構，這讓愛因斯坦非常欣賞。這些音樂具有“十分明確”的性質，這就像他自己最喜愛的、異常清晰的科學理論。

音樂一方面能調劑身心，同時發揮促進思考的作用。每當他研究遇到困難時，他便會嘗試進入音樂世界，不少問題就好像都能迎刃而解了。他在沉思複雜問題——包括廣義相對論——時，常常會拉起小提琴，答案便好像靈光乍現一般，有機會隨着音樂聲翩然來臨。

音樂一直誘惑着愛因斯坦。置身音樂與其說是一種逃避，不如說是一種連結：與宇宙背後的和諧一致相連，與偉大作曲家的創造天分相連，"超脫言語溝通"，與其他有同樣感受的人們相連。他對音樂和物理皆感到敬畏，因為兩者都具和諧之美。

對一般人來說，音樂和科學看來沒有甚麼關係；可是，愛因斯坦卻從上述各方面找到關聯，並從中得到特別是科學方面的突破。

小結

家庭自由的氣氛，讓愛因斯坦的幻想自由飛翔，讓音樂和他對宇宙的思考和諧地配合。他的叔叔和朋友為他早期發展提供了很大的助力。瑞士亞勞市立中學讓他擁有自由學習、成長的空間，是成就他成為偉大科學家的關鍵。

比爾・蓋茨的學習方法[1]

微軟（Microsoft）公司的創始者和管理者比爾・蓋茨（Bill Gates）是天才和機遇的結晶，被認為是別人所無法複製或模仿的，而筆者對於這位人物的學習之路實在深感興趣。從北京工業大學出版社出版的《我和比爾・蓋茨是同學——從比爾・蓋茨6個同學的六種命運談起》一書中，我們可以找到一些提示。

個人學習成果會受到不同的因素的影響，包括其先天個性、環境因素，以及衍生的學習方法。下文分別從這三方面談談蓋茨的學習。

蓋茨對"學習"的處理

蓋茨的學習經驗包括：通過提問尋找問題的答案；聯繫經驗和知識；和夥伴一起協作；勤奮；集中精力發展某項才能；從失敗的經驗獲得反饋，不斷改進；不怕轉變；不和別人比較；大量閱讀。下文分別簡單說明。

蓋茨非常喜歡**提問**，老師有時都被他問得無言以對；他並不按時完成老師的作業，而更喜歡試着去完成那些還沒有學到的課題。他嘗試把程式編製方法和各種問題，都拿到電腦去檢驗。於是他的電腦知識迅速地增加，每天用電腦去處理問題的時間也越

---

1 本文參考了肖佐編著：《我和比爾・蓋茨是同學：從比爾・蓋茨6個同學的六種命運談起》，北京：北京工業大學出版社，2006年版。

來越多，他把從中獲得的知識和從操作中得到的經驗，充分應用教育學中"**偶聯作用**"的心智機制**聯繫**起來，每天都有新的發現和體會。

從一開始，蓋茨便和不同的同學合作去解決問題，建立**夥伴協作**關係也是他成功的關鍵之一。

勤奮是成功人士的特質，蓋茨更是其中的代表。1975 年，蓋茨的 BASIC 語言程序並未成形，但機會一旦來臨，他就會全情投入。一連八個星期，蓋茨都沒有去上課，也沒工夫再去玩牌或者參加聚會。他和保羅‧艾倫（Paul Gardner Allen）**夜以繼日**地待在電腦旁，非常**勤奮**地為阿爾塔機設計程式。他們常常睡在書桌旁或地板上，好些日子既不吃東西也不見任何人，像一個閉關修煉的僧人。終於在三個月後，蓋茨和保羅‧艾倫編寫的專為阿爾塔機使用的 BASIC 語言完成了。

蓋茨特別喜歡數學，也確實在這方面具有天賦。但他從不幻想自己成為一個全才，也沒有精通十八般武藝的野心，他知道成功的秘訣在於**集中精力發展某一項才能**。這就是他能迅速掌握電腦技術的原因，也是蓋茨的學習一直具有前瞻性的理由。

蓋茨深深地了解，成功不足惜，更重要的是汲取**失敗**的經驗。他知道"如果你把事情弄壞，更要從中學習"。他提出：那些令你最感不快的顧客反而是你最大的學習泉源，獲得別人給他的**回饋**是他能夠不斷改進的因素。

他指出：一般人害怕**轉變**。當電力初被應用時，人們不是都很害怕嗎？他認為假如一個人祈求有大收穫，有時要冒大**風險**。

他提出：**不要和世上任何人去比較**，如果你去比，你是在侮辱自己。

他説："當我是一個小孩時，我有很多夢想。這些夢想可以成真，大部分是基於我有機會大量**閱讀**。"

成長的環境因素

環境因素主要是來自他的雙親和所讀的中學。

從孩提時代起，比爾‧蓋茨就生活在一個富有文化氣息的環境中。在他三四歲時，當教師的**母親瑪麗**去課堂教導學生時總是帶着他。母親在給學生講授本地歷史和文化時，比爾‧蓋茨也聚精會神地聽講。

1967 年，12 歲的比爾‧蓋茨在數學和自然科學方面的知識已經遠遠超越朋輩水平，保持現在的學習狀態將會嚴重限制他的智力發展。他父母作了一個明智的抉擇——把他送進入了西雅圖（Seattle）湖濱中學（Lakeside School）讀七年級。回過頭來看，比爾‧蓋茨在湖濱中學這個自由天地裏獲得了充分發揮自己的機會，可以說，這是他人生中一次決定性的轉變。

在湖濱中學的初期，蓋茨的成績很一般，但蓋茨從不在意，他認為學習電腦要比學習課本更有意義。蓋茨的父母當然也知道這情況，可貴的是他們從未批評過蓋茨，他們只是經常提醒一下自己的兒子，要他別把功課落後得太遠罷了。

在唸哈佛大學（Harvard University）的第二年，蓋茨經過再三思索，終於作出決定要立即投身電腦事業，甚至決定為此而離開哈佛。他的父母自然不贊成他的退學決定。但對電腦知之甚少的兩人不知怎樣說服兒子，於是他們找了一個人來幫忙說服蓋茨——在電腦產業和商業方面都十分在行的德高望重者斯托姆。在斯托姆與蓋茨的接觸中，蓋茨向對方詳細說明他現在所做的事情和今後的打算。斯托姆本人也是從事電子技術起家，現在大有成就，他從蓋茨的計劃中發現了與自己創業經歷的許多共通之處，漸漸意識到蓋茨將走的道路是具有前景和開拓意義的。結果，這位"說客"不僅沒有勸說蓋茨打消退學的念頭，反而鼓勵蓋茨為自己投身電腦事業的理想而堅持和努力。於是，蓋茨在讀完大學二年級後毅然離開哈佛，開始專心從事電腦軟件研發工作。

回到他唸湖濱中學的時期，當時**校方的教育思想**相當活躍。校方的工作重點並不在為大學輸送人才這一點上，而更重視發現和培養天才人物。對在某方面有突出表現的學生盡可能提供機會甚至特權，使他們的智能得到充分發展。這些學生受到學校的特別關照，獲得了極大的自由活動空間。即使有些活動超出了學校規定的範圍，也可以得到特殊的允許，蓋茨就是在這樣的環境中第一次正式接觸到真正的微機技術。

1968年秋天，湖濱中學卻作出一個大膽而明智的前衛決定：租用一台電腦，開始讓學生們接觸電腦技術。

成功是依靠內在和外在的眾多因素而獲得的。培育蓋茨成功的具體外在因素是在七十年代初發生的。1971年6月，湖濱中學第一次開始招收女生入校，由於學生人數暴增，公共教室的空間明顯供不應求。校長打算設計一個新課程表，以解決全校學生由於課程的複雜化而造成的課堂人數出現差異化的問題。由人工解決將會十分複雜費時，而且容易出錯。於是校長想到邀請蓋茨用電腦解決這個難題——當時蓋茨在學校內已有"電腦狂人"的稱號。這項邀請讓蓋茨從解決具體問題而學習得更多。

可見在蓋茨的成長歷程中，父母和中學對他的發展有着決定性的影響。

先天個性

蓋茨的先天個性包括：不懼權威、樂於接受挑戰、有遠大的抱負和志向、永不安於現狀、對未知事物充滿了探索的慾望、竭盡全力、從不鬆懈消極、堅毅、刻苦、知道甚麼時候應該收斂和轉化。

蓋茨的父母回憶起他小時候的事情，説他自幼就與其他的孩子不同。蓋茨從小就體現出一種**不懼權威、樂於挑戰**的性格，在他上了小學之後，這種特點表現得尤為突出。某種意義上説，一個人的個性愈強，愈有可能出類拔萃，取得成功。如果一個人個性不強，一般則是無所作為、一事無成。

比爾從小就有着**遠大的抱負和志向**，那時他就對他的小學同學説："與其做一株綠洲中的小草，還不如做一棵禿丘中的橡樹，因為小草千篇一律、毫無個性，而橡樹高大挺拔、昂首天穹。"用一句話來概括，那就是"**永不安於現狀**"。不安於現狀，幾乎是一個人成功的最重要因素。要求自己上進的第一步，就是絕對不可停留在現有的狀態。不滿於現狀的感覺可以幫助你完成第一步，但是僅僅不滿足是不夠的，你必須決定你要往哪裏去。

據蓋茨的父母後來説，就他們所認識的孩子而言，還沒有見過哪位少年對《百科全書》有蓋茨那麼濃厚的熱情和偏愛。蓋茨在很小的時候就**對未知事物充滿了探索的慾望**，《百科全書》是他最喜歡的“兒童讀物”。等年齡稍長，蓋茨又對富蘭克林·羅斯福（Franklin Delano Roosevelt）、拿破崙（Napoléon Bonaparte），愛迪生（Thomas Alva Edison）等大名鼎鼎的政治家、軍事家、科學家的故事充滿興趣。

蓋茨在和同學們進行每一項運動，如打網球、滑水橇時，都**一絲不苟，鄭重其事，竭盡全力去爭取獲得勝利**。他的性格從小就體現出一種進取的精神。

在蓋茨小學的時候，曾經有位學生和他一起調皮搗蛋和惡作劇，成為班上令人“頭疼”的問題同學。對於冒險和好動，兩個人有着驚人的一致性，只是蓋茨**知道甚麼時候應該收斂和轉化**，而那位同學卻無法控制自己的性格，在衝動與盲目的陷阱中無法自拔。

小結

三個塑造蓋茨個人成就的因素：先天個性、環境因素，和衍生的學習方法，當中有些部分是可以學習的，例如怎樣去處理學習方法，有些是不可學習的，例如先天個性和環境因素。我們不如從可以學習的因素着手改變自己吧。

賈伯斯成長的道路[1]

比起蓋茨（Bill Gates）出身於一個溫暖的家庭，美國蘋果（Apple）公司的創始人之一賈伯斯（Steve Jobs）可說是不幸的。他剛出生就被親生父母拋棄，這經歷在他內心留下深深的傷疤。但是賈伯斯的成長發展卻和蓋茨一樣異常突出，實在有賴下文提到的多個因素，包括義父母的培育、老師和學院的關懷和照顧、獨特的性格、另類的學習能力等。

義父母的培育

雖然賈伯斯的內心有一道與生俱來的"傷疤"，但是他卻有幸成長於義父母（特別是義父）的正面影響下。賈伯斯在自傳中用了不少的篇幅，在各個篇章中訴說這些成長經歷。

義父母相當了解賈伯斯，並在他的成長過程中盡量張羅財力，提供適當的空間以及正面的模範啟示等。

賈伯斯說："我父母都了解我不同於一般孩子，覺得責任更大了。能給我的，他們一定做到，像是送我到更好的學校，盡力滿足我的需求。"因此，在成長過程中，賈伯斯知道自己儘管曾遭遺棄，卻是最特別、最受到寵愛的孩子——對他而言，這是影響其人格形成的最重要因素。

---

1 本文參考了華特·艾薩克森：《賈伯斯傳》，廖月娟、姜雪影、謝凱蒂譯，台北：天下遠見出版股份有限公司，2011 年版。

在三年級結束前，他曾多次犯規。校方一再通知家長來把他帶回家，要他們好好管教這個孩子。賈伯斯的父親那時已經知道他是個特別的孩子，因此不會像一般家長那樣氣急敗壞，他以平靜、堅定的態度告訴校方，賈伯斯是個與眾不同的孩子，也希望學校給他特別待遇。賈伯斯還記得他父親這麼對老師說："這不是他的錯。如果你教的不能引起他的興趣，那就是你的問題。"

賈伯斯常在學校惹麻煩，然而，他的記憶印象中，他的父母不曾處罰他。賈伯斯說："我的祖父是個酒鬼，常用皮帶鞭打我父親，但我父親不曾打我一下屁股。"賈伯斯父親的教育觀別具一格，正如賈伯斯所描述的："我父親認為學校不該要我背那麼多沒意思的東西，應該啟發我去思考才對。"

四年級學期快結束時，老師要賈伯斯接受學力測驗。他說："我測驗出來的成績達七年級的水準。"這時，不只是他自己和父母知道他智力非凡，學校老師也知道了，賈伯斯確實是特別聰明的孩子。校方於是允許他跳級，四年級結束後直接升上七年級。顯然，這是接受挑戰與刺激的捷徑，但他的父母多有顧慮，只同意讓他跳一級。

賈伯斯的義父母拿出多年的積蓄供賈伯斯上大學，但賈伯斯發覺這樣做似乎不值得，甚至為此感到良心不安。多年後，賈伯斯在史丹佛大學（Stanford University）的畢業典禮上作演講，他解釋了原因："我父母是藍領階級，為了讓我上大學，他們拿出所有的儲蓄。但我不知道我將來要做甚麼，也不知道上大學對我有甚麼幫助。如果我花光父母畢生的積蓄，最後一無所獲呢？因此我決定休學，我相信船到橋頭自然直。"他甚至認為這是他一生中最重要的決定。

義父工作認真，賈伯斯形容：“我父親希望把每件事做得盡善盡美，連沒有人看得到的細節，他也不放過。”

賈伯斯通過汽車，第一次接觸到電子器材。他說：“我父親對電子的東西了解不深，但汽車裏有不少電子零件，他也會修理。他會解釋這些電子零件的基本原理給我聽，我總是聽得入迷。”

老師和學院的關懷和照顧

在賈伯斯的小學時代，遇到了一位良師希爾（Imogene Hill）。賈伯斯認為希爾老師是他生命中的天使，因為得到這位教師的幫助，他才有機會改變命運。這位教師很了解賈伯斯，認為這樣的孩子吃軟不吃硬，用獎勵要比嚴懲來得有效。有一天放學的時候，希爾老師給了賈伯斯一本數學題目要他帶回家做，他感到非常不高興。老師對他說，如果他全部做完，而且大部分的題目都做對了，就給他一根棒棒糖和 5 塊錢。不到兩天，買伯斯就把一整本的題目都做完交給老師。其後，賈伯斯不再需要老師給他糖果或獎金。他只想學得更多、更好，讓老師高興罷了。

賈伯斯大學就讀於里德學院（Reed College）。他在這裏修讀的電子學一課，由曾在海軍擔任飛行員的麥柯倫（John McCollum）教授。這位老師的上課方法別具一格——他會在課堂上玩一些科學小把戲，使學生像看魔術表演一樣興奮，這大大吸引了賈伯斯的注意。這門課後來可以說成為“矽谷傳説”的一部分。

在里德學院就讀不久，賈伯斯辦了休學手續，但繼續在校園學習——他只是為了不付學費及不再上那些他覺得無聊透頂的必修課。校方也容許他這麼做。賈伯斯另外一個恩人是當時的里德學院教務長達德曼（Jack Dudman），他形容賈伯斯說：「他求知慾很強，是個非常吸引人的年輕人。他拒絕接受別人告訴他的真理，希望自己親自驗證。」儘管賈伯斯不付學費，達德曼卻允許賈伯斯旁聽他喜歡的課，也讓他借住在朋友的宿舍那兒。

獨特的性格

賈伯斯有着異乎尋常的獨立個性，正面面對人生、蔑視權威，並擁有極強的控制慾。

在賈伯斯輟學後與他成為摯友的卡爾霍恩（Greg Calhoun）則看到另一面：「史帝夫跟我說了很多心事，尤其是他被親生父母拋棄的痛苦。但他也因此變得獨立。」

他亦因此而正面面對人生，最著名的例子是他被自己所創立的蘋果公司解職一事。他後來認為被解職後的一段時間是他一生裏最具創意的階段，讓他從成功的包袱裏解放出來，輕裝上陣，重新走上創作的道路。

賈伯斯說：「前幾年，我實在覺得無聊透頂，所以喜歡調皮搗蛋。」由於天生性格和後天教養，賈伯斯從小對所謂的權威就不以為然。「上學之後我面對另一種以前不曾見過的權威，我差點就完了。這種權威幾乎抹殺了我的好奇心。」

他的老同事尤肯（Del Yooam）說：「賈伯斯不管做甚麼，都希望自己能完全掌控，這種控制慾正源自他的個性，這和他一出生就遭遺棄有關。"

賈伯斯具有堅強的意志力，他相信意志的力量可以改變現實。

另類的學習能力

賈伯斯具有另類的學習能力，這些能力包括從旅遊中擴闊視野、對藝術和科學的綜合能力、禪宗的直覺。

在創立蘋果公司前一年，他遠遊印度。這經歷使他擴闊視野，增加了他感知事物的觸角和敏感度——兩者都是企業家不可缺乏的品質。

唸十一、十二年級那兩年，賈伯斯的心智發展攀上高峰。他發現，有的同學只對電子的東西感興趣，還有一些同學則只喜歡文學和創作，而他與他們都不同，他對兩者都關心和喜愛。除了研究科學和科技，他還聽很多音樂，看莎士比亞（William Shakespeare）和柏拉圖（Plato）的作品——《李爾王》（*King Lear*）是他的最愛，教他百讀不厭；此外，他還喜歡梅爾維爾（Herman Melville）的《白鯨記》（*The Whale*）和狄倫·湯瑪斯（Dylan Thomas）的詩。

賈伯斯希望自己能夠融會貫通藝術和科技兩個領域。他所有的產品展現的不只是理性方面的科技，還有感性方面的巧妙設計、吸引人的外觀——優雅、人性化甚至富有浪漫的藝術元素。他也是推動圖形使用者介面的先驅。

賈伯斯談到，從他辦好休學的那一刻起，就不必上無聊的必修課，而可以上他覺得有趣的課。例如，他注意到校園裏大多數海報的字形都很美，發現原來學校有一門研究字形的課，於是就去上這門課。他說：“我從這門課了解襯線體和非襯線體的字形特色，也發現不同字形的字母間距會有所不同。我覺得字形學真是有意思，不但優美，且蘊含歷史和藝術涵義，這些都是科學捕捉不到的。真是太有趣了。”

在人生後期，當談到自己的性靈生活時，他強調不應依循教規，認為宗教生活應該強調性靈方面的體驗而不是要求教徒循規蹈矩。

賈伯斯對東方宗教思想極有興趣，特別是佛學中的禪宗。他不是一時興起，更不是隨便玩玩的，而是全心全意地學習，致使禪學深植於他的個性。他一個要好的朋友說：“史帝夫對禪很投入，禪對他影響很深。你可以從他那極簡要的美學、驚人的專注看出這點。”佛學注重直覺的特質也很深地影響了賈伯斯。他後來說：“我開始了解，直覺頓悟與知覺要比抽象思考和邏輯分析來得重要。”

對於學習預測未來，他引用別人的話：“我滑冰時只關心冰球走的方向，不是它從甚麼地方來”。

小結

和比爾·蓋茨一樣，賈伯斯的成功得益於以下因素：得到上一代悉心的培育，獲老師和學校的賞識，在適當時間離開限制自己發展的學校和企業，具備獨特的性格和學習方法。

股神巴菲特送給兒子的人生禮物：
怎樣學習成為一個自主和自尊的人[1]

　　父母不能替孩子過一生。含着金匙出生固然好，但是很多時候，這金匙會變成金匕首，因為它阻礙了下一代發展其天賦。彼得·巴菲特 (Peter Buffett) 是被譽為"股神"的著名投資者華倫·巴菲特 (Warren Buffett) 的兒子。他從小心中就有個聲音，他對這個聲音是甚麼尚且不甚明瞭，但已促使他在生命的旅途中尋尋覓覓，最後判斷出繼續在學院內學習並無助於他成長，便作出決定：從史丹福大學 (Stanford University) 退學，作為億萬富豪的兒子，選擇租小房子，開二手車，自己在路邊洗車，去找尋自己的興趣。

　　他從此出發，在音樂路上不斷前行，成為一名得到艾美獎 (Emmy Award) 的音樂人、作曲家和製作人。在他的心目中，所謂的富裕和成功可以來自物質以及精神兩個層面，而精神上的成功則包括獨立的人生和人格。父親給與的現成享受很容易讓自己失去對人生的熱情，前一代辛苦累積的財富，很容易成為阻礙自己追求成長的因素。

　　彼得的結論是：人生終究是我們自己勾勒出來的。他寫了一本書，書名是"做你自己"，訴說他的父母如何培育他成為自主和自尊的人。

1　本文參考了彼得·巴菲特：《做你自己：股神巴菲特送給兒子的人生禮物》，梁若瑜譯，台北：平安文化有限公司，2010 年版。

自主尋找人生道路

父母給予彼得最深刻的啟示，就是讓他知道"人生最重要的事莫過於尋找屬於自己的道路"。他的父母非常支持他（包括協助他進入史丹福大學，最後也不反對他退學），但不會讓他依賴。在他的人生道路上，他的父母藉由"放手"，讓他"自己思考與犯錯"，從而學着怎樣走自己的路。彼得的父母對他表現出真正的尊重和愛。

父母還讓他感受到：調節內在精神生活與外在實際生活的平衡是值得全力去追求的。彼得從父母的言傳身教中明白：再多的財富也不能為個人創造內在、外在都平衡的生活。"做你自己"代表生命是由自己創造的，不應由別人代勞。

培養價值觀，熱情地追求人生意義

彼得認為一個人應該能夠有效運作，並被其他同儕所接受，亦即有能力把握絕佳機會去充分發揮自己的人生。要培養這種能力，唯一的辦法是要先培養"放諸四海皆準的人際價值觀和情感價值觀"。他的**價值觀清單**如下——

1. 信任：先要有一個充滿關愛的家庭，才能培養自主和自尊。

2. 包容：家庭幫助孩子面對現實的差異和衝突。彼得的母親在座駕車上貼了"Nice people come in all colors"。她相信所有膚色的人都有優秀人才，認為要保有一顆開明而包容的心，應該恆常地嘗試理解某個主張的對立觀點，這樣可讓心智更敏銳，並理解與自己非常不同的其他人的動機和慾求。她教導彼得"要理解人性，仰賴的是謙恭誠意地與各式各樣的人往來，以及細心傾聽"。當彼得還很小的時候，家裏接待過好幾個來自非洲不同國家的交換學生。

3. 重視教育：彼得認為，教育的終極目的是滿足好奇心。彼得一家重視教育的方式是主動關心孩子的學校生活。他的母親經常到學校去了解兒子的學習情況。彼得從自己的成長歷程中感悟到，"教育的本質在於理解人性，即理解最內心的自己"。

4. 建立對工作的尊重和興趣：彼得的父親"股神"懷有一種讓工作變成樂事的工作態度，他對待工作非常投入，可謂心無旁騖。他的投資事業能鍛煉其無窮的好奇心，讓他有機會用真實的績效驗證其分析推論。倘若彼得父親認為他工作的報酬只是金錢，那麼工作很快就會變為極其乏味的事了。

股神讓彼得知道：唯有用自己的實力去獲得回報，才能讓自己真正尊重自己。一些富裕的家庭給予下一代豐足的物質財富，卻沒有給他們真正豐富的人生，就如同讓下一代一出生，背上便無可避免地插着傷害其一生的金匕首。

彼得感受到父母的心願，是讓孩子們誠意找尋熱情所在，一心一意地全力追求，不依賴別人的庇蔭，而是將自己的生命發揮得淋漓盡致，甚至獲得一種"對自己的所作所為引以為傲"的滿足感。

母親在彼得很小的時候便讓他明白，人生是不公平的，而人生的其中意義，是去儘量減少社會的不公平現象。她一貫的作風不是長篇大論地說教，而是帶彼得多體驗世界，讓他從具體的經驗中形成自己的信念。

生命的抉擇：榜樣和期許

人生是不斷作出抉擇的過程，在這過程中，參考準則和榜樣起着非常關鍵的作用。

股神常説："如果可以的話，父母應該讓孩子有足夠的機會甚麼都做做看，而不是有足夠的機會甚麼都不做。"

但是，這句話只能代表股神教育孩子方面的心願，而不是期許。股神明白要兒子找出熱情所在並不容易——這是"一個辛苦又玄奧的過程，需要很大的自由空間"。所以，一味施加壓力只會適得其反，父母的正確做法應是提供機會和意見，鼓勵孩子自己作出選擇。同時，父母應該做好榜樣，讓兒女們耳濡目染，學會真誠地"活出自己"——作選擇時的考慮條件不應是地位或收入，而應是作出選擇時，心中的真誠和共鳴。

彼得母親關注的通常是個人的困苦，父親則是個比較宏觀的人，透過他的觀點，彼得漸漸明白到機會的不平等不但會對弱勢族羣造成傷害，也會給整體社會帶來諸多不利。

彼得才十多歲時，就已在長時間的耳濡目染中明白了父親了不起的工作態度。他也從母親那兒學到待人處世的態度，因為她對各式各樣的人都抱持無窮的好奇心，總是勇於與這些人深入接觸，也樂於聆聽他們的故事和了解他們的生活。

風氣開明的學校滿足了他多元的好奇心，但他知道自己對自由的渴望、對選擇的需求，其實是家裏在更早時已灌輸給他的。父母給他的眾多禮物當中，這個絕對是最珍貴的。

自由是必須有限制的，要追求真正的自由，必須從調適自己的內心做起。彼得母親一句很有道理的話，可以清楚說明這一點。她常告訴彼得：“想要成為甚麼樣的人，就能成為甚麼樣的人，但並不是他想做甚麼樣的事，就能做甚麼樣的事。”這句話深刻影響了彼得的人生選擇。彼得母親的這句教導可闡釋為：“他的思想可以天馬行空，但他的行為必須遵守適當的規範。”畢竟自由並不是從心所欲，也必須以尊重別人的自由為基礎。

每一次考驗都是磨練的機會

接受磨練，使彼得有勇氣毅然放棄父親的庇蔭。彼得深感：“人生就是一所學校，任何的工作機會都是學習的機會。這個世界拋給我們的每一次考驗，都是在給我們機會磨練自己的技能，並讓我們的觀點更精準、透澈。”

他描繪出一個帶佛學意味的畫面作比喻：磨刀。這個比喻使他可以在人生的抉擇中懂得怎樣進退取捨有據。他這樣說明這比喻：“我們每個人都是一把刀，外在的世界（包括隨之而來的要求和期待）就是磨刀石或砂輪。若想要保持刀鋒銳利，唯一的辦法就是迎向磨石的磨練。這需要鼓起一定的勇氣，因為磨石很大，而且磨練從不間斷；也需要一定的謙虛，需要明白我們這一小塊物質被磨盡以後，砂輪仍會繼續轉動很久很久。若想從刀子和砂輪碰觸的過程中獲得最大效益、磨出最銳利的刀鋒，就需要懂得何時該進、何時該退。我們順從地接受砂輪的磨礪，但我們也必須站穩腳步，用巧思擺出最適當的角度，並以毅力堅守這個角度，好讓鋼鐵發出洪亮聲響、迸出燦爛火花，那是創意、熱情和堅毅的火花，於是我們才能成為重生的浴火鳳凰。”

每一個錯誤都是改進的機會

抱持怎樣的態度面對失敗，是決定人們能否成功的關鍵。

股神讓彼得感受到："犯錯的理由不勝枚舉，錯誤的類型也千奇百怪，有讓他們尷尬片刻的小錯，也有讓他們好幾年、甚至好幾十年都懊悔難過不已的大錯。但不論錯誤的原因或類型為何，所有錯誤都有一個共通之處：它們全是學習改進的機會。錯誤是邁向新發現的大門，不只對天才是如此，對其他人更是如此。"股神培育了兒子"嘗試走自己的道路"的勇氣。

股神指出："假使人們總是時時害怕犯錯，便只敢走最寬闊、最多人走過的路；假使他們不願給自己一點犯錯的空間，就不可能冒險去做一些事；假使他們不偶爾冒險一下，可能永遠不會發現自己的熱情在哪裏，也不會發現最真實的自己。假如他們老是擔心內心之鼓的節奏會害自己踏錯步伐，便永遠只能跟着別人一起走了。"有了以上的鼓勵，彼得不只有勇氣走自己的路，更是懷着真誠之心走自己熱愛的道路。

從父母身上，彼得深深了解到："每一次錯誤都是一次學習的機會，都是我們這一路曲折人生上的記號，標記着一個人曾經去過哪裏、現在站在哪裏，和未來打算去哪裏。"

書籍推介

煥發童年的特質可以擊破限制我們的桎梏嗎？——《童年與解放》簡介

兒童在三歲前已能流利地用母語與人溝通，成年人用三年時間學一種全新的外語亦有相同效果嗎？

黃武雄教授在他的《童年與解放》一書中通過大量的論述[1]，展示兒童的創造特質，亦若干程度回應了下述三個兒童的特徵：

一、洞察複雜事物的特徵；

二、以無畏無休的體驗，參與世界的秩序，換取最真實的知識；

三、免於偏見的限制（頁 91）。[2]

他在此書的下半部探討成年人如何用上述的兒童特質，從國家、階級、種族、宗教及其他社會規範中解放自己。

1　作者黃武雄，1970 年獲得萊斯大學 (Rice University) 博士學位，曾任台灣大學數學系教授及台灣中央研究院研究員，關懷教育發展，為推動台灣教育改革作出不少貢獻。1994 年發起四一○教育改造運動；1997 年倡議普設社區大學。除數學專業論著外，還著有《台灣教育的重建》、《童年與解放》、《學校在窗外》、《黑眼珠的困惑》、《木匠的兒子》、《老師，我們去哪裏？》、《成人的夏山：社區大學文獻選輯（一）》等書。另有散文作品曾獲第四屆（1981 年）時報文學散文推薦獎。本文介紹的其著作《童年與解放》一書則獲 1994 年聯合報非文學類十大好書獎。

2　這本書有繁體字和簡體字兩個版本。繁體字版分別於 1995 年和 1998 年由台灣財團法人人本教育文教基金會出版部出版。這是首都師範大學出版社 2009 年簡體字版的頁碼，下文同。

在這本書中，黃教授詳細地探討了幾個重要概念：人的自然和文明能力、互動和體驗、解放等。在分析敍述的過程中，分別發展了皮亞傑（Piaget）和哈貝馬斯（Jürgen Habermas）等學者的學術見解。

人的自然和文明能力

《童年與解放》的分析主軸是人的自然能力（頁1）。"整體性操作"中幼兒手腦協調的能力優於大人，例如小孩很容易掌握到種種舞姿的神髓，而自由跳出那種自然天成的舞感，那種流暢的韻律（頁7）。黃教授更透過繪畫和語言展示出幼兒"整體性操作"的能力。

黃教授提出自然能力和文明能力兩者是辯證發展的，嘗試處理皮亞傑認知發展論和喬姆斯基（Chomsky）變形語言論之間的爭論。

辨認整體的自然能力與描述分析的文明能力並非截然分離的兩種能力。在良好的教育環境下使兒童的心智兼容兩者，會使兩者相互作用，發生辯證發展的關係，促使兒童心智成熟。（頁42）單靠任何一種能力都會有不良後果，特別是只靠無需體驗和互動的文明能力。下文會有扼要分析。

互動和體驗

黃教授強調，人學習知識，要有自己的體驗，把自己的體驗隨時與書本知識中所記錄的共同體驗的足跡相互印證，使人的體驗不限於一時一地，能跨越時空，又能深入人世，人才能真正認

識世界、認識自己。（頁 59）

體驗不只是身體力行去實踐。在實踐、探索更進而干擾外在秩序之後，還要觀其影響、驗其後效，更進而尋找新秩序。體而不驗，算不上體驗。（頁 67）

人是發展出來的。人在自然與社會中的定位、人的意識形態、人的心智美感與道德，無一不是通過人與世間萬物綿綿不斷的互動發展出來的。（頁 102）

體驗是小孩的自然特質，也是小孩進入文明、掌握文明的主要依靠。環境太早限制小孩子的體驗活動，把文明當作死的禮物送給小孩，要小孩接納，反而阻斷小孩傳承文明香火的志業。（頁 53）

如果眾人汲取文明知識的方法，不再通過由自身的分析摸索與嘗試錯誤，亦不融入前人開創知識的過程去參與知識的建構，如果眾人只依賴學校教育的知識灌輸與學習，不再回溯於自身的觀察與體驗，那麼抽象便吞噬了具體，普遍亦磨平了特殊，所謂本質則掩蓋存在，人本身遂異化為觀念世界的工具。（頁 7, 8）

無畏的體驗，是存在主義哲學家保羅・田立克（Paul Tillich）所強調的生之勇氣，也是兒童最可貴的創造特質。世間最真實的知識，原依體驗而來。不通過體驗的知識，不成為人自身的一部分，反而會使人異化……通過不斷體驗得來的知識，人逐漸形成智慧，人才成其為人。（頁 55）

只有將學校傳授的知識，將書本記載的知識，定位為人類共同體驗世界的腳印，只有將學校教育，將讀書當作是人與他人（甚至與人類）的體驗相互印證，相互碰撞的過程，才會使目前僵化了的學校教育復活，使讀書變得盎然有趣。學校目前只提供技術性知識，提供文憑與地位。這使得知識工具化，使得人從人的自身異化出去，淪於知識的附加價值之中。（頁 58, 59）

解放

思想解放意味着對既存價值的根本質疑（頁 103）。世間的秩序是通過建構與解構，再建構與再解構，這樣辯證不斷的過程發展的。大自然如此，人類社會亦如此。（頁 104）

人的異化則意味着人的創造特質及人干擾世界秩序，與世界綿綿互動之主體性的消失（頁 104）。思想解放是使人回到人的幼兒時期，回溯到人類祖先的拓荒世界，而再度展現充沛創造力的首要條件。（頁 111）

思想解放是人長大以後重新認識世界的第一件事。國家、階級、種族、宗教及其他社會規範，在人步入青年之時，已經像章魚一般纏繞着人的心靈，形成人的意識形態與價值。這時候將自己已接受的一切規範結構完全解體，重新以體驗、反思及懷疑主義精神，來面對世界、理解世界，一步步充分自主地建立起新的價值體系，人才能繼續發展。也只有這樣，人的創造力才不致枯竭，人的文明才有新的面目與生命，這便是思想解放的要義。（頁 120）

黃教授最後指出怎樣才算是解放。解放是讓人從多重的桎梏中掙脫出來。這一層層桎梏建構自既有的社會價值及規範，國家安全，宗教、種族、性別及階級之歧視，代表普遍世界的知識及理性等，在人進入文明社會一段時日之後，便牢牢捆綁了人。解放是還人以本來面目，讓人能用童年時認識世界的方式重新體驗世界。這種認識方式的特質是把知識作為整體來了解；是無畏無休地嘗試錯誤、體驗與思辨；是免除人為的偏見。用童年這種特質去體驗世界，並以人進入文明之後逐步形成的抽象思維，不斷去進行價值規範與知識之解構與重構，而抱持懷疑主義的精神去破除教條，縫補並堅實自身內在的經驗網絡，成為獨立自由的個人，這便是人的解放。（頁 174）

其他概念

本書介紹的其他概念包括人本主義、偏見、順從或附和、人與人的競爭等，作者都有精彩的分析。限於篇幅，未能一一介紹。

發展了皮亞傑和哈貝馬斯等學者的學說

黃教授知識面驚人的廣闊，涵蓋哲學、心理學、社會學以及人類學等領域。他在文中引用了黑格爾（G. W. F. Hegel）、馬克斯（Karl Marx）、齊克果（Søren Kierkegaard）、康德（I Kant）、保羅·田立克（Paul Tillich）、羅素（Bertrand Russell）、哈貝馬斯（Jürgen Habermas）、孔多塞（Condorcet）、弗洛姆（E. Fromm）、史金納（B.F. Skinner）、皮亞傑（Piaget）、喬姆斯基（Chomsky）等學者的學說，融會貫通地呈現他的見解。他甚至能夠批判地補充發展這些學者的學說，特別是對於哈貝馬斯和皮亞傑兩位。

他首先提出《童年與解放》與柏拉圖（Plato）的觀念論相迴，而強調存在主義的主張──存在先於本質，特殊先於普遍，具體先於抽象。（頁 6）

對於皮亞傑，黃教授指出：人類智慧的發生與外在世界之間的互動關係是皮亞傑的主要着眼點。而他對同化與順應的辯證過程所做的研究則指出，人的智慧發展既不是外在的事物單向的輸入，亦不是先驗的存在。（頁 18）

他指出皮亞傑的理論局限於文明或描述能力的範疇，導致若干錯誤（頁 24）。其錯誤來自描述能力與辨認能力的混淆，亦即文明能力與自然能力的混淆（頁 25）。

對於哈貝馬斯，作者認為其局限在於他太相信理性是解放的基礎，又把理性化約地界定為普遍的邏輯演繹……哈貝馬斯不得不把思想解放的發生延後到青春期，並假定以前各階段都在接受教義式的壟斷，以致漠視人的幼兒時期中豐沛的創造力與自由無礙的思想兩者之間必然的關聯。（頁 124）

小結

我們可以"返老還童"，回復到我們童年時充滿活力與創造力、免於偏見、無畏無懼地去洞察複雜事物的特徵嗎？

真誠的自主學習：
《乖孩子的傷，最重》簡介[1]

我們從小便被培養成為乖乖的孩子，但很少人意識到這過程對我們造成的傷害。《乖孩子的傷，最重》一書深刻地指出這一點。[2]

《乖孩子的傷，最重》一書的副題是"你有個自主學習的孩子嗎？"，內容環繞着真誠的"自主學習"展開。內地或本港一些學校所推行的所謂"自主學習"，乃為以大量外控的因素把學生分等次的評估，與《乖孩子的傷，最重》中的"自主學習"在本質上根本不同。

因此本文先談論"自主學習"，然後探討《乖孩子的傷，最重》的主題，最後引述書內其他重要論點。

1　本文參考了李雅卿：《乖孩子的傷，最重》，台北：遠流出版事業股份有限公司，2004 年版，下文中頁碼為該書頁碼。

2　本書的作者李雅卿是台北縣種籽親子實驗小學（種籽學苑）創辦人及首任校長、台北市自主學習實驗計劃（國中、高中六年一貫）主持人。她在書內是這樣介紹自己的："真心願意陪孩子走出自己生命道路的人。兩個孩子的媽媽，很多孩子的朋友，更是山風流水、動植物的好朋友。"她主持的台北市自主學習實驗計劃被聯合國教科文組織譽為"亞洲最好的另類教育之一"。著有《種籽學苑教育手記》、《天天驚喜》、《北政實驗手記──一個成長、衝突與愛的故事》、《成長戰爭》、《快子·違禁物品》等。

自主學習的性質

作者的大兒子 (17 歲) [3] 提出 "自主學習" 是一種生活的態度——承認自己的局限,不試圖宰制他人;反思既有的規則,不逃避內心的恐懼。要明白掌握自主學習這種生活哲學,往往需要先體認到發現與獨立的喜悅,並學會不依恃習慣和他人的安排。(頁 10, 11)

曾任種籽學苑苑長的朱佳仁 (24 歲) 強調 "自主學習" 是最注重個人 "真" 的一種教育方式……在大人的成長過程中,已經失去了很多的 "真",他們看不到孩子的 "真",卻擔心孩子沒有 "善" 與 "美",如何能適應環境。(頁 9)

作者將 "自主學習" 定義為一種生命的實踐態度,而不是一種知識或技藝的學習。也就是無論你做任何事、從事任何學習,都要對自己誠實,不怨天尤人,也不自欺欺人;誠實地了解自己的能力、個性、優點和弱點;接受自己的先天條件,並且主宰自己整個生命。(頁 72)

作者認為:在教學法方面,自主學習的教師用 "自然對應" 的方式,讓孩子看到自己視野所不及的地方,從而協助孩子面對真實的自己。不僅是孩子,相信任何人在看清自己後,便能找出真心之所願,並以本身的力量去達成甚至超越。(頁 104)

"自主學習" 是一個了解自己和環境的過程,也就是成人可以和孩子討論的地方。作者堅持:孩子信或不信成人的意見,是孩

---

3 作者的兩個兒子不滿意台灣的學校教育,所以她於 1994 年聯同其他境況相似的家長,成立另類學校以滿足兒子的需要。兩個兒子其後的發展都很好,筆者稍後會介紹作者兩個兒子的成長和這所學校的情況。

子的事。當孩子偏要去做成人覺得困難或不好的事，自主的學習就正式啟動了。跌跌碰碰的自學結果可能證明孩子是對的，成人預期的後果沒有出現，那麼成人得感謝孩子協助成人修正了原有的認知；結果也可能是成人是對的，孩子果然得到成人預測的後果，如果這樣，作者希望成人不要譏笑孩子，因為試驗的過程和經驗的整理，正好能夠增加孩子對世界的認知，讓它更完整一點。（頁 50）

本書作者鼓勵孩子通過他們自主的思考和選擇去學習，使孩子從小到大都能保有一種自信和勇氣——不斷地去選擇、嘗試、應對和改變，並且因此發展出屬於自己的應世智慧，從而在社會的宰制之下，依舊能"做自己"。（頁 80）

作者認為一般來說，孩子最先處理好的是他和成人的關係，接着是與朋友的關係，然後是他跟自己的關係，最後才輪到他和課業的關係。雖然這些關係經常同步發生，可是作者認為孩子們要建立對世界和自我的信心，往往依着上述的步驟循序漸進。（頁 119）

教師們應該和學生共同創造一個較少傷害和壓抑的學習環境。作者同時真心相信：只要雙足不被捆起，孩子總會找到自己的路；要是硬將魚身接上雙足，反而剝奪自在游水的可能。（頁 11）

為甚麼乖孩子的傷最重

一個家長——蠻蠻媽媽（40 歲）——在書中指出：在體制學校裏，只有兩種小孩子：聽大人話的乖孩子和不聽話的壞孩子。（頁 17）

作者感慨地說：“乖孩子，常常得付出自信和自尊的代價來討好成人……一個成人，只要心中還存有‘要孩子乖’的想法，就是阻絕孩子獨立思考，發展自我的劊子手。”由於這樣，乖孩子內心的傷是最重的。（頁 177-178）

在給學生健雄的信中，李雅卿指出：“我倒希望這世界上不要再有甚麼乖孩子，大家都努力讓自己成為一個自尊自重的好孩子……在接納、包容和討論中，我們就能發展出彼此間真正的尊重和愛。”父母師長可以跟着這方向去處理自己和孩子之間的關係，以及協助孩子們成長發展。（頁 178-179）

其他重要論點

在〈序言〉內，作者的大兒子唐宗漢（筆名天風）對“教育”有以下不同凡響的看法。他認為：“教育”是面對他人生命的藝術，“學習”是面對自己生命的藝術；所謂反思，便是試着清楚面對錯綜的世界，不肯在訓練和習染中輕輕放過。（頁 10）

小兒子唐宗浩（13 歲）亦有以下的看法：“在自由中對自己的行為負責”是種籽學苑的寫照。（頁 16）

在書中，李雅卿很喜歡大兒子的一句話：“我們一定可以在不為難別人，也不用委屈自己的情況下，找到一條出路，好好活着。”（頁 33-34）

李雅卿常想：“甚麼時候我們的主流學校才會接受‘人生而不同’，進而幫助我們的孩子接受自己和他人？”（頁 41）

在給一位同事談"發現的喜悦"的信中,她指出:"和你分享我的一個發現:一個人面對教育的態度,其實就是他面對生命的態度。內心充滿恐懼的人,不管多麼努力,仍然無法相信別人。一個心中有愛的人,才能讓人高飛。"(頁 112)

她常常覺得現代台灣的父母,最大的問題就在內心的混亂和矛盾上。大家一方面嚮往西方民主國家的獨立自由,另一方面卻希望保持服從權威的傳統制約⋯⋯一方面倡言孩子活出自己的生命是最重要的,另一方面仍然逼迫孩子照父母師長的安排行事。我們腦裏想的、口中説的、手上做的,常常互相矛盾卻不自知。(頁 233)

每封信件的下款設計

這書可分為三部分。第一部分是序言,其餘兩個部分是答問篇和書信篇,是作者和學生、同事與家長的對話。書信篇內 24 封信件中,作者每封回信下款的設計均頗用心思,每式下款都試圖配合該信件的內容。例如:

在和學生健雄討論"乖孩子的傷,最重"一信中,她用的下款是"從不收藏靈魂的雅卿老師";

在給新同事談"教師的做與不做"一信中,她用"也走過這段探索路的雅卿";

在給一位同事談"忍心而為"一信中,她用"接受自己局限的雅卿";

在給一位同事談"發現的喜悦"一信中，她用"和你同享喜悦的雅卿"；

在給一位母親談"當爸媽不是那麼沉重的事"一信中，她用"也是為人父母的雅卿"。

《成長戰爭》書介：兩個孩子衝破傳統教育桎梏自主學習的故事[1]

　　《成長戰爭》一書記述了台灣一位叫李雅卿的母親開展教育改革的故事，在這個過程中，她抵禦住了來自體制、社會、親友等各方面的壓力。她堅持陪伴着她的兩個兒子和僵化、工廠式的學校制度對抗，並與多位志同道合的母親一起，創辦了一所學校，讓學童可以在那裏自主地、依據自己需要的方式成長。

　　作者李雅卿通過這本書，不但讓讀者看到母愛的偉大，更難得的是她寫出在陪伴孩子成長的過程中，自己所得的啟發和領悟。她真正做到與孩子一起走這條成長路——這是兒子的成長路，也是母親的成長路。

　　這本書描述一位母親經歷無數的掙扎、摸索、淚水和溫情，最後得到大家祝福的故事。大兒子唐宗漢博覽羣書，思考細密，深具藝術天分與人文關懷，15歲開始就與人合夥創設電腦公司。宗漢自從被當成在家自學的成功範例後，便成為商業雜誌常見的封面人物。他設計的網路雙語搜尋系統，為他打開邁向國際市場的通道。小兒子唐宗浩健康又聰穎，20歲不到便寫了一本書《另類教育在台灣》，總結台灣八所另類學校的特點。

1　本文參考了李雅卿：《成長戰爭》，台北：商智文化事業公司，1997年版。

故事的開始：上課無聊，老師頭痛

宗漢一年級上課時，老喜歡問問題，而這些問題往往是老師難以應付的。例如老師在課堂上教"一加一等於二"，宗漢認為那得要看是幾進位，如果換作二進位或其他的話，結果便很不同。除了不同進位外，宗漢更是把負數概念帶進來，帶給老師很大的困擾。

宗漢回到家裏，就找祖母討論一些奇奇怪怪的問題，搞得祖母困擾萬分。作者當時之所以考慮辭職回家，是因為他找祖母討論甚麼是"太陽黑子"，而祖母無法回答。

資優班是一場惡夢

宗漢那時可以入讀資優班。在那裏，家長和同學經常互相比較，互相嫉妒，經常爭吵。老師也很困擾。

曾有孩子對宗漢說："你為甚麼不死掉？如果你死了，我就是最好的了。"因為這孩子如果得不到第一名，他爸爸就會打他。

宗漢在學校常常捱打，因為他的記性很差，常常因為晨間檢查忘了帶衛生紙，吃盡苦頭。他也經常被同學毆打。作者也和宗漢討論過體罰的問題，他說他能體諒老師管理全班同學的辛勞，因此未作激烈反抗。

媽媽，我要休學

宗漢不能理解的是：為甚麼大人要罵小孩、打小孩，同學間要互相對罵或互毆？他的困惑是：這個奇怪的學校世界，大人都很虛假，而且暴力。

最後，宗漢在資優班被同學踢昏了。

宗漢不下數次透露強烈的自殺念頭。有一次，他還在同學的起鬨下，從三層樓高的欄杆跳到對面欄杆去。幸好沒有掉下去。

作者一輩子第一次，也是唯一一次打了宗漢，結果造成宗漢宣稱和世界絕交、決定退學。

家庭大戰

祖母滿心疑惑地問作者："誰家的孩子不是這麼長大的？為甚麼只有我們家的小孩，不能去上學呢？"又問："現在休學了，以後怎麼辦？"

作者的夫婿光華和作者結婚以來，感情一直很好，幾乎沒吵過架。可是宗漢休學後，她發現光華和她越來越遠了。那時候她和光華天天吵架。

作者質疑現代學校的存在價值："在 20 世紀以前，有多少孩子是關在這種監獄一樣的學校讀書的？"

生活中的小事常常在他們父子間引爆，心情不好的時候，連拿筷子、刷牙、走路的姿勢，都可以大吵一場。結果，光華決定去德國留學。

公婆為了孩子上不上學的事情，常常要來關心，問了很多問題。作者一面招呼孩子，一面安撫公婆。一句話說得不好，不是傷了大人的心，就是逆了孩子的意；兩面為難，八方牽扯，弄得心煩意亂，不可開交。

因為"孩子捱點打就不上學"，在主流價值裏，實在令他們難以接受。作者發現言辭的解釋不但於事無補，反而造成更多困擾之後，決定閉口不言，全力把孩子救回來再說。

救星出現

宗漢退學後，不少人曾伸出援手。其中，協助宗漢的台北師院輔導系的楊文貴先生分析，宗漢有幾大需求必須同步滿足：對人的安全困擾、同儕的接納、對知識的探索、海闊天空的想像和情感的依戀。

台灣大學數學系一位教授每星期單獨教宗漢兩小時的數學。在兩小時的指導時間裏，他除了和宗漢談數學之外，還和他談歷史、地理、人生、物理、化學……甚麼都談。每次結束前，總要塞個一二十本書給宗漢，讓他慢慢看。

同儕友伴

讀三年級的學生當中，只有宗漢參加了為五年級而設的"兒童哲學班"。

一所小學把四年級的宗漢掛在六年級的班上上課。一個星期只上三天課，讓他有機會建立同學間的友誼；另外三天則"放空"，讓他到台大、台北師院、毛毛蟲兒童哲學教室去上課，解決他對知識學習的需求。

經過一年的努力，宗漢重新拾回對成人世界的信心，並且和世界和好。他不再想要自殺，對未來充滿希望。

德國經驗

不久之後，他們一家人可以一起去到德國。在這個尊重母親和孩子的國家裏，宗漢很容易適應這裏的學校教育。不過，等到一切上了軌道，宗漢又開始覺得書本裏的東西太無聊，不想去上學。可是，與台灣經驗完全不同的是，當老師和同學知道宗漢之所以不想上學，是因為上課很無聊時，非但不責怪他，反而對他抱以深深的同情，熱心地研究怎樣來幫他的忙。後來，宗漢覺得不好意思，就乖乖地去上課。他決定尊重這個制度，不要讓大家難堪。

重回台灣覓生機

在德國一年多後，父母本來安排宗漢留在德國，或到美國學習，但宗漢卻認為他要回台灣去從事教育改革。

回到台灣，宗漢跟剛讀小學的弟弟宗浩講甚麼是"等差級數"、"等比級數"、"機率"、"平面幾何"和"麥比烏斯帶"等連大人都未必搞得懂的東西。小小的宗浩，聽哥哥説着這些匪夷所思的觀念，居然也都了解了。

宗浩七歲以前，宗漢就和弟弟談過《莊子》、《三國演義》等書的內容，甚至於電腦設計、吟詩作對、彈琴譜曲方面，也都有所涉獵。

惡夢重演，宗浩不願上學

當年教育環境對哥哥的衝擊在宗浩身上又來了一次。他和老師討論："我們不可以打架，老師為甚麼可以打人？"，"為甚麼我們天天要升旗？"，"為甚麼鈴聲一響，我們都得站立不動？"，"為甚麼……？"後來他以"白雲"的筆名和哥哥"天風"共同在《兒童日報》發表一系列的"就學雜感"，一一敍說孩子眼中台灣不合理的地方，引起很大的討論和迴響。他獨自和校長解釋他不上學的原因，說服了校長同意他不上學。

興起辦學念頭，種籽學苑誕生

李雅卿找了十個家庭，決定不計成敗，放手嘗試辦一所以孩子為中心的理想學園。幾經努力，在不少教育界朋友的協助下，解決了學籍、場地和經費等困難。

這所學校綜合了"兒童自主"和"成人安排"的學習方式。除了語文、數學和團體活動三門必修課外，老師提供不同的學習經驗給孩子作選擇，學生可按自己的速度和程度，自主選擇自己學習的組別和科目。學校還設有幾個全時開放的學習區——語文、數學、自然、音樂、美勞、手工藝、工場、農場、實驗室、圖書館……空閒時，學生可以在學習區內進行自主探索。另外，學生可以自選導師，以指導他們處理生活上的問題。

學苑的孩子因為要在生活討論會中制定學校的規則、參與學校的決策，反而更能了解全面思考、彼此妥協的重要性，並在生活中培養合作能力。由師生共同參與的學苑法庭和談話會，也使正義得以伸張、紀律得以維持。這證明內發的自律比外在的責罰更有效。

兩個孩子的成長

1992 年，從德國回來，11 歲的宗漢與之前判若兩人。讀小學六年級的他，在教授的推薦下，到台大旁聽教育部為高中數學資優生開設的討論課程。中學一年級時，他以自己做的一種新的電腦資訊壓縮法，贏得台北市科學展和台灣競賽冠軍。二年級，他憑"電腦哲學家"人工智慧程式又得到第一名。兩項獎項都可以讓他保送升學。中學三年級，宗漢想找個地方"閉關"。他說原因是他有三個自己，一個是日常生活的宗漢，一個是寫詩的天風，一個是電腦世界裏的"奧特里歐·唐"。三個自己個性完全不同，住在同一個身體裏面，不太和諧。所以他得找個安靜的地方，好好整理一下。他的電腦才能得到了很好的發展，後來在台灣被稱為"台灣十大電腦高手"之一。

唐宗浩高中時參與學生權利運動、發起中學生教育改革聯盟，希望讓"學生"這個羣體對教育議題的意見受到社會各界的重視。

2003 年，他確立了當"教育工作者"的志向。他投身台灣教育改革的實踐，對台灣另類教育界進行調查研究，是台灣地區該領域首位全面而深入的研究者。他所做的工作包括：創辦為期一年的另類教育電子報；參訪大部分台灣的另類學校，並撰寫《另類教育在台灣》一書，在不同學校間開展交流；參與《校園人權手冊》和《自主學習手冊》著作羣，進行台北市自主學習實驗計劃中的生活法庭制度以及自學相關的理論與實務的整理工作……他致力於宣揚民主教育和自主學習，重視在家自學和另類學校與主流教育體制的辯證關係。2016 年 10 月，他就任台灣行政院政務委員，負責督導數位經濟與開放政府發展。

在德國發現"自主學習"的旅程：
《天天驚喜》書介

《天天驚喜》講述李雅卿女士兩個兒子抗拒台灣的學校教育，後來在德國享受學習的經驗。本書是寫於 1991 年 8 月至 1992 年 8 月的生活札記，講述了一個母親和她的兩個孩子在德國的一段發現"自主學習"之旅，讓讀者從每一篇中得到一個啟示、一點驚喜。作者李雅卿透過對她們母子仨細心的觀察和體驗，將一些教育精神生動地、生活化地描述出來，呈現在讀者面前。這種自主學習不只是一些技巧或程序，其重點在於培育孩子們的學習精神。這些精神在校外（即家庭和社會）和校內分別孕育和體現出來。

學校的經歷

本書介紹了德國教育體制中老師對學生尊重的態度，以及對學校教育目標的定位等，這些均值得香港教育工作者借鏡。其中值得參考的例子包括：上學是甜美的事、學生個別差異的處理、自學時間和空間的處理等。

---

1 本文參考了李雅卿：《天天驚喜》，台北：商智文化事業股份有限公司，1997 年版。本文是繼〈真誠的自主學習：《乖孩子的傷，最重》簡介〉和〈《成長戰爭》書介：兩個孩子衝破傳統教育桎梏自主學習的故事〉之後，筆者談"自主學習"這一課題的第三篇書介文章。

上學是甜美的事

校長和老師為了令第一天上學的孩子感到快樂，刻意地作了精心的安排：入學典禮沒有貴賓致詞，也沒有校長訓話；每個學生只是分別和校長、老師握手問好，並且接過一份禮物——一枝鉛筆和一塊橡皮。

家長要接受新生家長訓練，學會配合學校協助新生養成良好的入學習慣，以及優良的學習品德。"優良的學習品德"是指求學的毅力，以及勝不驕、敗不餒的精神。

對個別差異的處理

對特別聰明的孩子，不要安排任何課業輔導，而是讓他們隨性成長；但是對學習遲緩的孩子則提供加倍照顧。

李雅卿小兒子宗浩的數學學習進度比同齡孩子快，故而上數學課沒趣得很。宗浩的老師注意到後，建議他在數學課做完例題後，就可以做自己愛做的事：看看書、玩玩字卡、畫畫圖……每位教師都有一張滿滿的對孩子的記錄卡，當中關心的不只是孩子的課業學習，更在意孩子的人格形成。

李雅卿大兒子宗漢的數學能力很高，就不必上數學課了；而德文基礎不好，就不放過任何可以說、聽、讀、寫德文的機會。

自學的時空

"工作時認真工作，休息時徹底休息。"是德國人重要的生活哲學。

奉行半天制也是德國學校的一大特色。在這兒，從小學到高中學生一直上半天的課，最晚中午一點鐘放學。由於作業不多，所以孩子的課餘時間相當充裕。

孩子們下午做自己想做的事：游泳、打球、體操、繪畫、音樂、跳舞，各適其適。這兒有政府補助的各種協會、私人興辦的各種才藝學校、個人自組的社團等，這些機構提供的活動收費一般都不高。

德國小學的教育權在各邦，孩子的教養責任在父母。老師是專業協助者，沒有太大的心理負擔，反而可以較自在地從事教學活動。

社會和家庭的薰陶

德國人常常討論教育問題。他們十分尊重孩子，但絕不放縱。德國人對規範與秩序的執着，已經內化成為民族性的一部分了。

甚麼叫愛孩子

孩子們被認為是有權利犯錯的。所以孩子錯了，大人要告訴他、教育他，而不是罵他或羞辱他。不漠視孩子、不縱容孩子，這樣長大的孩子，大概比較懂得甚麼是尊重、甚麼是獨立、甚麼是自信和寬容。

嚴肅處事

在德國，"你不嚴肅"是最嚴肅的指控。所有不嚴肅的態度，都應該受到譴責。因為這表示你不尊重對方，也不看重自己。在人與人的交往中、在人對事的處理中，都可能造成無法預計的損害。所以，學校老師、孩子的父母都會要求孩子自小嚴肅面對生活。

人的尊嚴

李雅卿一家住在西德最窮的邦。這兒的人活在社會福利制度和全民保險下，生老病死都沒有太大的困擾。故此無論辦事、購物，人人都客客氣氣的，沒有人把別人當壞人或小偷看……訂書、約期看病，都是一通電話就好了。這種被信任的感覺，使得每個人都活得很有尊嚴。

德國的父母親和學校，都意圖"尊重孩子、視他們為獨立的個體、幫助孩子們迎向自己的道路"。

正視身體

德國人能很自在地對待身體，然而我們的教育卻視身體為神秘的領域。傳統教育這樣的處理方法實在不好，我們不但不清楚自己的身體，更難以在醫生進行檢查時正視人體，以致有機會因而忽略孩子或大或小的毛病。如果我們也能像德國那樣自在地對待身體，或許學校的健康教育和兩性教育，就可以比較平順地展開。

本書還描述了很多德國民族性格和社會風氣，都是培育良好學習品格的因素。這些章節包括：使用工具的民族、時間機器、科技之美、尊重藝術家、藝術之風、與環境和好、兩性關係、不滿意便退貨等。

反省

　　德國的小學課程看起來雖然內容豐富，但並不強求孩子死記硬背，亦包容每個孩子學習的速度有所不同。"課程內容生活化，教學設計有趣又不失教育性，因此大多數的孩子都能快樂地成長，不會因為課業問題需要額外補習或是為功課而煩惱。"同樣來自台灣的沈佳慧女士感到："玩"就是他們的主修，而且從中能學習更多。她認為德國小學教育中有許多課程使人好奇，其內涵也非常值得思考與應用，其生活化的程度更是讓人感到驚訝。[2]

　　李雅卿最後在書中提出，希望這本書能夠使更多人思考：我們到底希望有怎樣的國民？怎樣的社會？怎樣的國家？那麼，我們就得好好規劃我們的教育環境、我們的教育體制；我們也就要好好地反省我們的教育觀念、我們的教育態度。

2　參見沈佳慧：《沒有邊界的教室》，台北：凱信企業管理顧問有限公司，2011年版，第89頁。

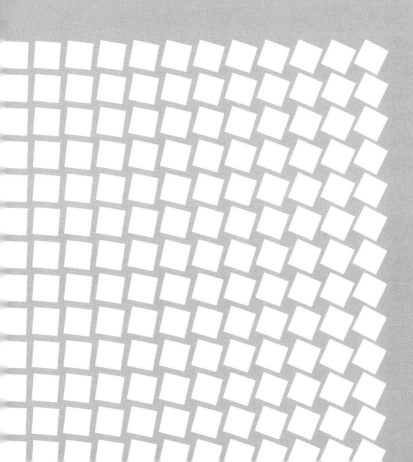

教育與社會

"贏在起跑線上"的疑和問

揠苗助長

"讓孩子贏在起跑線上"的另一個表達方式是"別讓孩子輸在起跑線上",我的疑惑和問題是:所謂贏和輸的是甚麼(what)?起跑線在哪裏(where)?甚麼時候定贏輸(when)?贏和輸是和哪些人(who)去比較?

內地從改革開放初期到進入 21 世紀,最嚴重誤導家長的一句話就是"讓孩子贏在起跑線上"。這種養育觀點逐漸被大眾認可(或者說"被迫認可"),並在近幾年成為主流。一些家長基於這種觀點,擔心自己的孩子輸在起跑線上,於是給孩子安排各種培訓班,以期超前灌輸與其年齡不同步的知識,導致"揠苗助長"的反效果。各種提早教育機構如雨後春筍般興辦起來;各種提早教育工具、玩具、圖書,多如牛毛。一些父母也會在家裏進行各種早期潛能開發,唯恐自己的孩子"晚人一步"。他們把孩子的知識學習無限提前,使得幼兒園小學化,並掀起早教熱。

就是"不要讓孩子輸在起跑線上"這句話,似已造成下面這句網絡"流行語"所講的現象了:讓天下年輕的父母怕得要死;讓天下年老的父母急得要死;也讓天下所有的寶貝累得要死。

贏／輸了些甚麼？

起跑線的內涵應該是相當豐富的，絕不是簡單的識字、背唐詩、學奧數、學鋼琴。如果説，孩子不能輸在起跑線上的話，我想我們每個做家長的，要關注的應該是影響孩子一生的學習興趣和能力、良好的品格、同理心和感恩心、健康的體格、社交能力、想像力、表達與認知發展能力、探索與操作能力等的培養。

數學家丘成桐教授在北大附中演講，主題是"興趣的培養決定終身事業"。他指出："對孩子們來説，學到多少知識並不是最重要的。興趣的培養，才是決定其終身事業的關鍵。我小學的成績並不理想，但我父親培養了我學習的興趣，成為我一生中永不枯竭的動力，可以學任何想學的東西。相比之下，中國式的教育往往注重知識的灌輸，而忽略了孩子們興趣的培養，甚至有的人終其一生也沒有領略到做學問的樂趣。"

他還指出，美國有學校把學生自我要求的基本要點定義為 Perseverance（堅持）、Respect（尊重）、Integrity（正直）、Diligence（勤奮）以及 Excellence（優秀），並取出這些要點的頭一個字母縮寫成"PRIDE"（榮譽）。這種美德的評價要求尊重人的本性，要求學生本人形成自己獨立的價值觀。[1]

北京師範大學心理學院陳會昌教授進行了一項長達 19 年的研究，以北京 208 個普通孩子為對象，跟蹤研究他們自兩歲起開始的社會行為與家庭教養方式。研究結果發現每個學生心中都有兩顆種子：第一顆種子的核心品質是自我控制力，即約束自己以

---

1 參見新浪教育文章 http://edu.sina.com.cn/a/2016-08-14/doc-ifxuxnah3342056.shtml，瀏覽日期：2018 年 1 月 17 日。

配合外界環境提出的要求、學習社會期望的知識及技能、完成師長指派的任務的能力；第二顆種子的核心成分是主動性和創造性，即出於個人內在興趣、動機和願望，自發地做自己喜歡做的事情的能力。我國一般都着重前者，但卻嚴重地忽略了後者。

對於創造性，陳會昌引用美國一位心理學家的話："創造性包含善於發現問題、獨創性思維方式、對模糊性的容忍度、強烈的成就動機、失敗後重新嘗試的意志力、時間和精力。"陳特別指出："其中第三條的'模糊性'，指的是解決問題時答案的非唯一性，這恰恰是我們的學校教育中最缺少的。"[2]

台灣黃武雄教授詳盡地探討小孩秉承於自然的幾個原始創造特質：一、從整體去洞察世界的複雜現象以辨認特徵；二、體驗的勇氣：以無畏無休的體驗，參與世界的秩序，換取最真實的知識；三、免於偏見的限制。黃教授分別加以說明，並指出這些特質到了成年時便逐漸減少，甚至沒有了。

他指出，源於自然的原始創造特質中的辨認特徵與無邊好奇，使人到三四歲便能説出一口精準的母語，並且在短短十一二年間便由不如螞蟻蚯蚓的智力水準，發展到皮亞傑（Piaget）所述的"能開始形式運思的前青年期"，而為適應文明、傳承文明作好了準備。相反，到成年時要學習另一種語言便很困難了。

所謂"辨認特徵"，是指看到或抓到事物的特徵，但不一定能夠描述出來。小孩能分辨桌子與椅子，桌子有方有圓，椅子亦形狀各異：有些桌子不見得高於椅子，有些椅子不見得小於桌子。但三歲小孩能幾乎沒有困難地分辨桌椅，雖然他要年歲稍長

2　參見搜狐教育文章：http://m.sohu.com/n/499861369/，瀏覽日期：2018 年 1 月 16 日。

才能說出兩者在功能上的差異。

黃教授指出，小孩的語言學習，建基於他在生活中敏銳抓取事物或語句之整體特徵的能力。每次周邊的大人說話，他便把語音與當時的情境聯繫起來。比如說"媽媽來了"、"媽媽餵了"、"媽媽抱你"等重複多次之後，"媽媽"便等同於眼前這情境中如此親密的人。

對於"體驗的勇氣"，黃教授以小孩不怕跌倒為例加以說明。跌倒，是小孩以他的身體融入周遭世界、干擾外在事物時，必要付出的成本。但他從不計算成本，只因體驗是成長中不能割離的血肉。

體驗不止是身體力行去實踐；體驗是在實踐、探索，以至干擾外在秩序之後，還要觀其影響、驗其後效，進而尋找新秩序。體而不驗，算不上體驗，只是身體力行而已，得不到新知識。所有知識的建立，都要驗其後效（Feedback），所以孩子們都不厭其煩地、重複地嘗試做同一件事情。

對於"免於偏見的限制"，黃教授指出："白種人在幼兒時期，原本並不排斥同年紀的黑種人娃娃，甚至因黑娃娃的膚色之異於自己而更想觸摸他的臉頰。小孩子之喜愛異類的現象，甚至超越物種的界限，而與各種動物相親。"[3]

因此，我們應重視輸／贏了些甚麼呢？

3　參見黃武雄：《童年與解放衍本》，台北縣：左岸文化，2004 年版，第 62–193 頁。

起跑線在哪裏？甚麼時候定贏輸？

有些家長對起跑線的定義，已經從以往的小學、幼兒園，提前到孩子出生。

中國孩子面臨着**被提前的"起跑線"**。有一項對中國的媽媽們進行的調查："您認為孩子的競爭起跑線應該設在甚麼階段"，回覆平均值是第 18 個月——18 個月！意味着中國的孩子剛學會走路，就已經在起跑線上。忽略孩子發展的階段性特點，過早施教對寶寶的全方面成長會產生不利的影響。[4]

超前教育未必"早出人才"。美國北卡羅萊納大學（University of North Carolina）做過一個實驗，把 175 個孩子分成兩組，一組由父母按照一般方法進行培養；另一組則從出生三個月起提前進行早期教育。開始時，接受超前教育和訓練的孩子智商平均高出 15 點。然而在小學四年級，部分孩子就逐漸喪失了這種優勢；而接受父母循序漸進培養的孩子，通常卻能後來居上。由此可見，"進行超前早期教育就一定會'早出人才'"只是一種推測，實際上並未得到證實。[5]

我們應視人生為一個終生長跑的歷程，把起跑線設在一、兩歲的話，意味着我們放棄整個生命的享受過程。

4　參見新浪讀書文章 http://books.sina.com/bg/salonbook/salon/20121113/004441641. html，瀏覽日期：2018 年 3 月 2 日。

5　參見中國網文章 http://opinion.china.com.cn/opinion_38_35438.html，瀏覽日期：2018 年 3 月 2 日。

贏和輸是和哪些人去比較？

黃武雄教授指出："個人在不同領域、不同階段的發展，分別有快慢強弱。坦然接受別人於現階段在一些領域上的表現比自己好，是人格成熟的表現。小孩原有這樣的寬容。……文明社會太喜歡對每一個人能力快慢強弱不等的發展，輕易貼上容易辨認的標籤，加以比較排名，然後賦以不等的獎賞與懲處，把人對事的努力轉化成人對人的競爭。使個人與知識之間原來充滿生氣、活潑的互動關係，很快變得枯燥無趣。"[6]

丘成桐教授指出："美國的高中和大學對成績就不給出分數，只給出 A、B、C、D。這不是件壞事情，可以削弱學生之間不必要的競爭。為分數而斤斤計較以及爭奪班裏的第一名，會破壞學生之間的合作，集體的力量得不到尊重。中小學教育裏要特別注重對學生獨立人格和品性的培養，學生的個性和個人特點也要受到充分的尊重和肯定。"[7]

更何況，你打算和一班的同學作比較，還是和所有同級同學相比？又或是與所在的地區中所有的同學較量呢？

人，最重要的還是和過去的自己作比較。檢視自己的進步才可以讓學習變得有趣，才是正確的學習態度。

6　參見黃武雄：《童年與解放衍本》，台北縣：左岸文化，2004 年版，第 161 頁。

7　參見新浪教育文章 http://edu.sina.com.cn/a/2016-08-14/doc-ifxuxnah3342056. shtml，瀏覽日期：2018 年 1 月 17 日。

結語：別讓孩子累死在起跑線上

"讓孩子贏在起跑線上"這句話本來就是當年進行教育產業化時，為了將輔導班商業化，而被發明出來誘導廣大人民群眾的一句商業口號，結果造成了今天中國孩子普遍出現厭學和把學習異化的現象。

如果忽略孩子某一階段的發展特徵，過早地過度開發孩子單方面的能力，如識字、學單詞、背誦大量古詩詞等，其實未能增強孩子的記憶能力、讓孩子變得更聰明。相反，孩子如果過早地接受這種程式化的教育，反而會對已有的知識失去新鮮感，對以後的學習產生不良影響。

因此，我們究竟會用極其短視的目光，還是會以正常的眼界去放眼孩子們的成長呢？

與內地教師交流的不同經驗

過去 20 多年來本人有幸常常返回內地交流，故此很多朋友問及對內地學校教育的理解。我一直不知道怎樣回答，因為以往的交流形式均為研討會，對學校的實況和與教師們的接觸很少。今年[1]有兩次機會跟內地教師有較密切的交往，正好豐富對這個範疇的理解。

找尋領導的教育學院講師

三月份到北京進行了一系列十個講座，每個為時三小時，合共 30 小時。講座的題目與學習和教學有關，對象為 40 多位教育學院的講師、少數的博士生以及中、小學的校長。講座完結後收到不少意見回饋，參加者就多方面給與我很多鼓勵性的説話，也提出不少我值得改善的建議。正面的評價不在此多着墨，在這裏，我側重歸納與總結部分改善建議，列舉如下：

"在每次課終進行強化式歸納與總結，以專家本人的觀點給予一定的明確指引、引領。"

"教學過程中，請黃教授多給予指導性的觀點。"

"學員所呈現的交流成果，黃教授能否多一些點評。"

1　指 2015 年。

“多交流您自己的想法，對我們的想法也能再多點回饋。”

“學員的大字報請老師明確地點評而不僅僅讓學員彙報。”

“希望黃教授對相關主題更多闡釋自己的認識和觀點。”

“黃教授的教學計劃與過程都遵循了是甚麼→為甚麼→怎麼做的邏輯形式，其中有大量詳實的案例，只是對於結論的總結。如果能夠更加清晰地指出和講明白，可能會是更適合我們的一種思維培訓的方式。”

這些教師們的教師認為，講者以個人專業的觀點提供強化式歸納與總結，更有助於他們培訓思維。他們需要的是明確的指引、引領和指導性的觀點。換言之，他們需要的是領導。

我則向他們指出，中國近現代史上有兩位很著名的領導人[2]都很反對領導他們的人，他們都很有個人的主見。

梁漱溟先生 1928 年應邀在廣州中山大學哲學系演講時，談到他個人的思維層次和境界，他認為第一層境界應該是形成主見，還說“有主見就是學問！”。在演講的最後，他認為自己始終不是學問中人，也不是事功中人，而是問題中人。

當今內地的教師教育，極需要的是有個人主見的講師，知道自己向學生宣揚的理論基礎為何，也知道那些理論的用處，並能應用自己所教的理論去教學。

---

2 指孫中山和毛澤東。

樂於探索的中小學教師

　　五月份在東北的鞍山逗留一週，進行了五個講座，每個為時三小時，題目也是有關於學習和教學。講座的對象為 100 多位中、小學教師，也有一些教研員。收到的回應[3]可分：

不再做複印機和錄音機

　　"三天的培訓，轉瞬即逝，沒有煎熬，竟有些不捨，這是工作了 20 多年來第一次出現的感覺。走在回家的路上，腦子裏閃出這樣一句話：'沒有教不好的學生，只有不會教的老師。'我從內心裏深深地贊同這句話。"

　　"我把自己在本次活動中定位為一名學生。因為我不再是培訓時的複印機，培訓後回到單位的錄音機；不再是一個旁觀者，而是活動的積極參與者。學會了思考，敢於發表自己的見解。"

　　"課堂上洋溢着寬鬆和諧、探索進取的氣氛，這正是我們所追尋的課堂！！同時我們通過小組討論學習，各抒己見，集思廣益。"

　　"是的，這一次培訓的確與眾不同，您從未給我們結論性的東西，大家在合奏過程中相互磨合，求同存異。結束那一天也沒有傷感，覺得這根本不是結束，是新探索的開始。"

　　"他的很多觀點給我觸動，雖不能馬上改變我，但能引發我思考，並沿着這個方向努力探索，就是個很好的開端。"

3　學員們説了很多鼓勵和褒揚的話，在此盡量只列出一些事實性的意見。

通過頭腦風暴自己悟出來

"這次痛快的學習結束了，但是我的思考並沒結束。為甚麼我們的課堂不是痛快的、愉悅的？學生為甚麼不會思考、不會質疑，甚至不會表達？更多的是啞巴課堂——只聽老師一言堂。我們常說激發學生的好奇心、求知慾，到底體現在哪？不會思考又不會表達的學生又怎會有創造力、想像力呢？"

"我們收穫很多知識，又彷彿不是教授告訴我們的，是自己悟的，潤物細無聲，不教而教，不學而學，離開眷戀三天的課堂，帶走的不僅是知識，是能力。"

"我在課堂上已經開始嘗試着去以引導式問問題的方式來教學。"

"我想您的講座不是給我們洗腦，洗腦是有人主觀強加給我們，我更感覺是頭腦風暴，風暴之後，宛如獲得洗禮，獲得重生般的新開啟。"

師生互動學習的響應式舞步

"我們現在已經否定了課堂上老師為主體，教師滿堂灌，學生被動接受的師生關係模式；隨着新課改的不斷深入，以學生為主體，教師為主導的師生關係得到了廣泛的認可。然而我們也只是在理論上認識到其正確性，但在實際的教學中很難具體操作，結果互動學習只停留在認知的層面。問題出在哪裏？在黃教授的培訓中我找到了答案。一個美妙的詞語映入我們的眼簾：'響應式舞步——師生互動教學'。在教學過程中，老師不僅應該掌控學生對某個概念的理解程度，還需要時刻留意和響應學生回答中的細節，就像默契十足的舞蹈夥伴之間彼此響應一樣。這樣新奇的比喻還是第一次聽到！"

響應式舞步強調老師的教導和學生的學習雙方面配合而成，將學生和老師之間互相促進的教學，恰如其分地描繪為進行微妙的、互為主體的舞蹈。

課程資源無處不在

"感受之一是課程資源無處不在。成語、寓言是資源，故事是資源，城市規劃是資源，遊戲是資源，學習環境是資源，學習者自身也是資源。黃老師啟發我們要有一雙發現課程資源的眼睛，要圍繞我們的教育目標開發課程資源。"

要求"領導"和探索的開始

這一批教師和上一批教育學院講師不同。教師們也說我從未給他們結論性的東西，但他們的感覺卻是探索的開始，這和上一批部分教育學院講師要求"領導"完全不同。亦正如上述答案的回應："我們也只是在理論上認識到其正確性，但在實際的教學中很難具體操作。"教育學院一般只告訴學員們說，你們應該要做些甚麼，但較少和他們一起去探索具體的操作方法。

在講座後，約 100 位教師中有 30 位左右和我一起成立了一個網上的學習社羣，一起去探索學習，這是新一代內地教育界的希望。

只見樹木，不見森林！
為甚麼我們都只是關心 TSA？[1]

全港性系統評估（Territory-wide System Assessment, TSA）實施至今逾十年，部分學校為應付此項測試，從小一開始瘋狂操練學生，風氣一年比一年嚴厲。有家長羣組正醞釀一浪接一浪的針對教育局的抗爭行動，有學校和校長組織反對教育局的禁止操練措施。教育局發表回應，強調學生毋須操卷應付 TSA，把責任推回學校和家長。有關各方都嘗試把責任推到對方身上去。

在這紛擾的時刻，讓我們把視野放回 TSA 出台的背景。

2000 年發表的《教育制度檢討：改革方案》（以下簡稱《方案》）開宗明義提出：教育改革的大前提是以學生為主體，理念是幫助每個人透過終身學習達致全人發展（頁 iii）。2.4 段提出：學校教育是培養學生終身學習的基本能力和態度的階段。

《方案》1.17 段：九年基礎教育的階段，重點應在於培養學生基本的態度、能力和知識，為學生的終身學習及全人發展奠定良好的基礎，幫助學生培養自學的興趣和能力，以及各種待人及處事必須具備的基本態度和能力——包括積極的態度和正面的價值觀；獨立思考、分析、判斷、解決問題、應變、創新、組織及與人溝通和合作的能力等。當然，作為終身學習的基礎，學生亦必須具備不同學習領域的基本知識。

---

1 本文為作者與徐俊祥合寫。

我們要問：透過終身學習達致全人發展需要的基本能力和態度是甚麼？TSA 現在要測試學生哪些基本能力和態度？

只見樹木，不見森林

從教育局的網頁[2]去了解，TSA 完全沒有測量學生的基本態度。對於基本能力，教育局測量小三、小六和中三中文、英文和數學三科。限於篇幅，本文只探討小三的中文科。小三中文科的評估範疇包括閱讀、寫作、聆聽及說話，本文只簡單探討閱讀和寫作兩個範疇。

中文課程第一學習階段（小三）基本能力要求是測量：

閱讀——能認讀一般閱讀材料中的常用字、能理解所學詞語、能理解簡淺敍述性文字的段意及段落關係、能概略理解篇章中簡淺的順敍或倒敍事件、能理解簡單的實用文、能明白視聽資訊中簡單的信息。

寫作——能正確書寫常用字、能就熟悉的事物決定內容、能將內容分段表達、能正確運用句號、逗號、問號、冒號和引號、能運用所學詞語、能寫完整句子、能寫賀卡、邀請卡、簡單書信。

我們可以比較，上述的測試內容涵蓋了上述 "幫助學生培養自學的興趣和能力，以及各種待人及處事必須具備的基本態度和能力——包括積極的態度和正面的價值觀；獨立思考、分析、判斷、解決問題、應變、創新、組織及與人溝通和合作的能力等"

2　參見 www.bca.hkeaa.edu.hk/web/TSA/zh/PriNews.html，瀏覽日期：2018 年 1 月 16 日。

多少的內容？

我們只可以慨歎："我們的教育局和我們不少的教育界持份者都是只見樹木，不見森林！"

揠苗助長：追求偏執的工具指標或得不償失

筆者二人曾在 2000 至 2006 年參與一項大型課程改革計劃："一個都不能少：個別差異的處理——小學生在中、英、數三科學習動機與模式發展與研究計劃"，發覺即使已投入大量資源進行教學專業培訓及實踐的計劃，也只能待學生升到高小階段，才能從他們的學科成績中印證到紙筆測試能力的提升。經驗告訴我們，過分要求學生在初小階段達致更高的學科測試結果，容易扼殺幼年學生的學習興趣及動機，結果可能令我們得不償失！

總括而言，"學會學習"能力涉及一個較為複雜的後設認知（Meta-cognitive）能力，現有較具公信力的國際量度工具，以 PISA 學生能力國際評估的項目為例，香港學生在 2003 年掌握自主學習策略的能力，及在 2009 年的學習策略運用及後設認知指數，都低於 OECD（經濟合作暨發展組織）的國際平均水準。直至 2012 年，PISA 的數據仍顯示：和國際比較，香港學生的學習自我觀及學校歸屬感均處於偏低水準，學習焦慮感則處於偏高水平。

在最近一次 2011 年 PIRLS 全球學生閱讀能力進展研究中，香港小四學生閱讀能力排名全球第一，閱讀興趣則排名榜末。香港學生這些偏低的心理測量數據與高水準的紙筆應答能力並不匹配。如果我們一直單方面側重 TSA 作為全港性系統的評估工具指標，而不去面對，甚至漠視教育改革所希冀的"學會學習及樂於學習"[3]能力，香港的基礎教育是否一直在走錯路？

心理成長涉及大量情意因素的培育；後設認知能力也牽涉更複雜的學習過程因素，而非學習結果的量度。明顯的，TSA作為一項簡化的測量工具，只可監測學習的片段及短期成果。也許我們真的要反省，我們究竟最關心的是 TSA，還是下一代的教育，以及學生的學習與成長？

揠苗助長代表不理會生物的發展階段，只重視短期收益，不理會長期發展。在目前"近視"的教育局的領導下，我們的學童何時才可以"樂於學習；善於溝通；勇於承擔；敢於創新"[4]呢？

孟母三遷的啟示

"孟母三遷"這一成語是指孟子的母親為了使孩子擁有一個真正好的教育環境，煞費苦心，曾兩遷三地。她重視的是為兒子提供長遠而良好的學習環境，而不着重於考驗他學了些甚麼。難道2,000 年後的我們，還不懂得她的身教嗎？

---

3 參見香港《二零零一年行政長官施政報告》。
4 參見香港《二零零一年行政長官施政報告》。

通識教育科課程的設計、決定和 教師的專業化機會

橘化為枳

從下列發表的內容可見，社會人士一般只關注通識科的課程內容和評核機制：

署理教育局局長楊潤雄於 2015 年 3 月 27 日在立法會會議上就議員議案"全面檢討新高中課程下的通識教育科"總結發言；[1]

由經民聯立法會議員梁美芬牽頭成立的關注通識教育聯席會議，日前會晤教育局長吳克儉，就通識科發表意見；[2]

因應梁美芬的關注與訴求，代表通識科教師的專業團體香港通識教育教師聯會亦發表聲明，對梁氏的意見提出不同的觀點。[3]

對於這方面的探討，筆者認為我們除了應該關注課程內容和評核機制外，還應該關注學生的學習和教師的教學專業，特別是

---

1 參見 www.info.gov.hk/gia/general/201503/27/P201503270349.htm，瀏覽日期：2018 年 1 月 16 日。

2 參見 http://www.bpahk.org/tag/%E6%95%99%E8%82%B2/，瀏覽日期：2018 年 1 月 16 日。

3 參見 http://www.metrohk.com.hk/metro_junior/?cmd=info&id=8，瀏覽日期：2018 年 1 月 16 日。

兩者之間的關係。目前社會對這課題的探討較忽略了教師專業發展和課程設計及決定之間的關係；而這關係又對學生的學習有決定性的影響。[4]

課程發展議會編訂的《通識教育科課程及評估指引》亦忽視了這個關係，近 180 頁的指引中只以約 250 字指出要"加強專業發展"，卻沒有分析和說明課程設計和決定跟教師專業發展之間的關係。

在這裏讓我先舉例簡單說明二者關係的重要性。大家都應聽過晏嬰告訴楚王"橘化為枳"的故事，其寓意就是環境對事物成長的重要性。有人認為"其他科目也可培養學生的批判性和獨立思考能力"。問題就是：為甚麼這麼多年以來，其他科目似乎未能培養學生的批判性和獨立思考能力呢？其他科目的課程設計為甚麼未能讓教師達到這一目標？這樣就說明了課程設計的性質對教師專業發展和學生學習的機會的重要性。

為此，筆者和一些朋友便進行研究，探討這個問題。[5]其中"探討香港通識教育科教師實施新課程的取向和專業能力"一研究詳細訪問了六位通識教育科科主任。他們唸大學時分別主修中文、商業管理、新聞傳播、文化研究、宗教和經濟等不同科目。其中一個研究問題是："十年前校長請你們由教授不同科目轉而教授

---

4 有關這方面的探討可參見王建軍、黃顯華：〈課程發展與教師專業發展〉，戴黃顯華、朱嘉穎編著：《一個都不能少：個別差異的處理》，台北：師大書苑，2002 年版。

5 筆者曾對通識教育科曾做過三個研究，分別在學報和研討會發表：1. 霍秉坤、黃顯華：〈香港高中通識教育科課程制定過程的性質〉，載《課程研究》，2011 年第 6 卷第 2 期；2. 黃顯華、莊達成 2013 年於在台灣舉行的第 15 屆兩岸三地課程理論研討會上發表的〈探討香港通識教育科教師實施新課程的取向和專業能力〉；3. 黃顯華、莊達成：〈香港高中通識教育科課程改革的探究：香港課程改革一例〉，載《課程與教學季刊》，2013 年第 16 卷 4 期。

通識教育科，現在回過頭來看有沒有後悔？"全部的答案都是沒有後悔。因為他們都覺得通識這一科的課程設計，讓他們在課程和教學中有較大的自主和決定權，讓他們的專業能力和精神得到發揮。

課程決定

受訪老師認為編制課程和單元次序的自由度較大，但發揮空間亦會受制於一些因素。

"通識科給予我空間去把一些元素加進去，幫助學生把一些技巧加進去建立他的人生。通識科除了我剛才說的'識通'之外，通識科就是生活，是生活態度和能力的培養。"（L17——受訪者的編號，下同）

"此科跳出了知識，讓我思維的空間大了，此刻我發覺自己喜歡設計課程……我有創作整個課程的空間。"（Y13）

"喜歡教通識科，一來是我的性格，喜歡創新，二來是給我一個發揮機會。過往教的歷史科，我視它為學術科目……通識科的課程有如此多變化。"（Y13）

"六個單元的教授次序完全由我決定……同事信服我的決定應該是最專業、可靠的……我自己都在學校教了十多年，清楚學校成績、同事的優缺點。"（Y8）

有科主任認為此科可以讓老師跳出固有的認知，擴展思維的空間，並自行設計整個課程。進而，教師能掌握到"通"的技能，即歸納和說明的技巧。

學生首要掌握概念的運用，進而將其內化；知識如果能夠透過"吃喝玩樂"去汲取自然最為輕鬆，理念如果能夠透過生活的細節去學習是最有效的。

　　由上述分析可見，通識科課程內容之間連結的關係和分化的本質屬於弱分類，科內不同課題之間的界線是模糊的。這本質增加了教師傳遞課程內容的控制權。相反，傳統科目的課程內容屬於強分類，教師多數只能依書直說。根據台灣學者黃武雄教授的分類，通識科屬經驗知識，傳統科目屬套裝知識——筆者則認為屬"罐頭知識"。

　　經過數年的實踐，通識科教師普遍教授全部六個單元，正正展現了他們逐漸能夠融會貫通。

教材、教科書的決定

　　基本上，全部科主任都表示他們的學校不會完全直接使用教科書，課程設計要配合學校的情景。科主任和任教老師了解學生的能力和學習進度，進而加以調適；即使使用教科書，也一定酌情取捨；外間出版的教科書只佔教材的 20% 到 33%；教師對教材擁有相當廣闊的酌情判斷的空間。

　　老師使用教材的準則就是要符合課程精神，不只提供資料，還可能包括：思考訓練、議題為本，以及探究元素等。教材的編寫及內容要多元化，並包含更多的圖表及分析。教師讓學生們就這些素材進行歸納，讓他們從正反、不同角度和觀點作思考。

　　"教通識不成功的原因就是每個老師都要用教科書，由書商決定你要教的內容，所以變得沒有自由度。"(W9)

教學決定

從傳遞、互動角度看教學模式，通識科需要互動、溝通，不可依書直說。故此，教師有機會增進師生的了解、適當地處理學生的提問。然而，互動過程的可預測性低，部分教師不適應。任教此科，老師有成功感、享受分享文化及師生互動，並且沒有傳統包袱。

"有成功感的，不後悔。原因是我做到一些我覺得值得的事，為學生提供環境，及讓他們理解到從不同角度去看一件事⋯⋯不是純粹知識的傳授，而是能帶出不同的思維方法。"（A11）

"我覺得這是好的，此科與學生進行互動、交流。教學內容真是生活化、社會性。"（W14）

"要看那位老師是否願意放下自己這麼多年的學習方法、知識，去接受新知識及方法。如果他肯走出此一步，是可以的。"（Y8）

"同事覺得辛苦是因為課程永遠都教不完⋯⋯大家對課程驚恐及不了解，其實教多教少也無所謂，因為指引沒有說明甚麼是一定要教的⋯⋯將他訓練做六大單元的專家，是不可能的。"（L17）

與學生互動和給予回應是具挑戰性的，師生們應從不同的觀點和角度去探討通識科問題。教師們從"不懂如何回應"到"習慣同學提問"是需要經過學習的。

要讓學生們明白、掌握通識科，是很高層次的事。癥結處不在於知識本身，而是整個互動的過程。

受訪者認為通識科老師的主要職責。在於引發學生的學習動機。上述都顯示出教師在教學和課程的抉擇上擁有很多機會和責任。

教師的專業發展

"是開心的。跨議題的課程令自己有所增長，喜歡看書、學習的人，愈多知識，進入課堂的發揮就愈強。"（C12）

通識科課程實施中教師的專業性質表現在——

一、在教學、課程和照顧學生上，擁有更多酌情處理的機會和責任：科主任在教材和教科書的採用和應用，課程和教學過程的設計，互動、提問和發問，對學生學習的評估，教師的專業發展等各個範疇上，均表現出其對有關方面的酌情判斷。

二、承諾與同事在互相幫助的協作文化下一起工作；分享專業知識以解決持續存在的問題，而不是用來應付被指派的任務：科主任通過課程、教材設計，教學經驗分享，觀課和測試等方面，展示協作文化的內涵。

三、通過通識教學了解學生的個人成長問題，協助學生建立他們的人生觀，並加深師生彼此的了解；學生有機會多角度思考，為自己的行為尋找理據，從而培養正確價值觀。可見該科的教學可能包括情感和理智的關懷和承諾。

四、從學生的學習中獲得回報和成功感；從教學（包括設計課程、教材和教學法方面）中取得專業發展。[6]

教師的學術背景和個人特質

通識科探討社會現象，當中的議題多元化、具爭議性。故此，一名教師是否適合教通識科，主要取決於其學術背景和個人特質。

"老師主要都是人文（社會）學科的。我是讀工商管理、經濟的，有同事讀傳媒出身的，文化研究的也有，有兼教老師是生物化學出身。"(L3)

"數學或理科出身的人最難。"(L14)"他會覺得1+1=2，追求這些，很僵化，不理解人文社會學科的性質。通識科應該討論具爭議性的議題。"(L15)

"自然科學領域的同事的心態是最難改變的，比較抗拒。"(Y9)

"覺得沒有一科主修科較適合教，而是個人特質問題。本身是否喜歡用解決問題的角度去看問題，用不同方式去教。假如只會把概念塞進學生的腦，可能是輸入了很多，但最後未必能運用出來……或是教一些思辨能力。我覺得這些特質重要些，即使是理科老師也可以做得好。"(A4)

---

6 這六位主任的回應完全不代表全香港該科科主任的回應。

結論

　　本研究主要以香港的多位通識科教師為訪問對象，再透過通識科課程指引和其他相關研究，析評高中通識科的課程設計和決定。結果發現，通識科的許多特徵均異於"傳統科目"，例如目標（解難及批判性思維）、內容（無規定教科書、弱分類）、教學法（探究性、議題為本）、組織（跨單元、議題）、教育知識規範（結合性規範）、專業化形式（連結專業化）和評估（無標準答案、校本）等。這些特徵令師生之間的教學關係形成弱架構的特色，增加了師生的權力。師生在知識習得和傳遞方面，擁有一定程度的決定權。其次，科主任作為課程的領導者，在科組各項課程要素中，擁有一定程度的自主權。[7]

　　孔子教學時沒有黑板，然而某天出現了黑板，隨後發明了高映機，現在更有了電腦投映機。每一種新工具的發明都提供了平台，提升了教師的專業能力，讓他們有更多機會跟學生們交流。通識科的課程設計看來就如同這樣，為教師提供了一個專業發展的平台。

7　筆者在 2002 年所進行的"中學中國語文科新修訂課程實施情況（2002/2003 學年至 2003/2004 學年）評估研究"中亦有類似發現，專業能力較高的教師較接受新課程。

金禧事件與黃麗松報告書[1]

香港大學前校長黃麗松教授剛逝世。他對香港教育界其中的一項重大貢獻，就是接受了港督的委任成為主席，和其他兩個委員一起完成了《寶血會金禧中學事件調查報告書》。上世紀七十年代教育界發生了兩件大事[2]，引起香港社會極大矛盾，程度可比得上近期的雨傘運動，這份報告書就適度地處理了當中的寶血會金禧中學事件。

矛盾的一方是勢力雄厚的天主教教會和政府，另一方則是勢孤力弱的十多個教師、數百個女學生和家長。以下犯上，當時可算是大逆不道的。

由於此次事件發生在 37 年前，故即使是現年 50 歲的一輩對此事可能也只剩模糊印象。筆者有需要在此作出極為簡單的介紹，然後再說明黃校長在此事件中的貢獻。

金禧中學事件簡介

金禧中學於 1973 年創校，校長當時持較開明的領導作

---

1 本文參考資料包括：1. 寶血會金禧中學事件調查委員會最後報告書；2. 金禧中學十六教師：《金禧事件：從創校到封校》，香港：教與學雜誌社，1978 年版；3. 經解密的英國政府文件；4. 包括各大學學生報、《教協報》等在內的香港各報章。

2 七十年代另一事件為文憑教師薪酬事件，促使司徒華成立香港教育專業人員協會。

風，師生們享受了數年良好的教與學生涯。後來，部分教師發覺學校的財務有問題，包括以他人名義領取了職工薪金、售賣學生用品謀暴利、校長騙薪、挪用教署撥款等。

1977 年 2 月，教師在教協司徒華的協助下，向廉政專員投訴，隨即亦向教育司署和警方求助。其後梁潔芬修女向校董會辭退校長一職。

6 月，教師收到極為不合理的新合約。得知學校斂財事件以及不合理合約一事後，大部分學生在同月 9 日和 10 日參加罷課和靜坐。教育司陶建向全體教師發出警告信，聲明如果這類事再發生便取消他們的教師註冊。

當年暑假，寶血會宣佈退出金禧中學的經營，改由主教府接手，並委任關慧賢為新的校長。而在關校長主政下，金禧中學的行政更為混亂。期間，有教師表示曾受關校長指使，在多份報章指名道姓說校內有五位教師為革馬盟分子。其後該教師卻自證是受校長誤導的謊話。

1978 年 2 月，前校長梁潔芬修女被判入獄。

1977 年 10 月至 1978 年 4 月期間，學校發生多宗事件，引起師生、家長和學校之間的極大矛盾。教師當時面臨極困難的抉擇：一方面在社會各種壓力下選擇沉默，斂財事件將全無解決的希望；另一方面，選擇公開行動，卻要面臨今後不能再在香港從事學校教育工作的危險。兩難之下，教師仍然不得不作出抉擇，以求解決事情。1978 年 5 月 9 日，師生家長向中區港督府及天主教香港教區主教府請願，更靜坐和露宿三天，進一步向社會申訴。

1978 年 5 月 14 日，教署以學生學業受阻，無法再辦為由，突然宣佈停辦金禧中學，原校舍改名為德蘭中學，由教區改為辦學團體。一連串的集會、請願、絕食隨之而開始，其中包括 5 月 28 日在維多利亞公舉行、參與者數以萬計的民眾大會。來自學聯等組織的社會人士開始著手協助受事件影響的學生，包括安排 400 名中二至中四學生在港大及中大進行“補課”。6 月，兩位金禧教師遠赴英倫尋求英國議會的協助。

當時的香港社會極為對立，在多數報章支持政府的形勢下，《英文虎報》刊登以 “To sir with Love” 為題的文章支持教師。不少辦學和宗教團體支持官方，而幾乎全部學生組織支持師生。25 名神父發表公開聲明，指責教會教署欠公允。天主教官方報刊《公教報》的社論，有兩篇以“上主之鞭”之題為文，探討教會在此次事件所出現的問題。此次事件，有兩位修女還俗。

在封校之後兩天，港督麥理浩委任了一個由黃麗松博士為主席的三人調查委員會。該委員會在 7 月 15 日發表中期報告書，建議另設新校，學生可自由選擇就讀新校或德蘭中學。教署亦發表報告，揭發寶血會金禧中學斂財 32 萬多元。教育司署亦隨即撤銷對 16 名教師的警告。8 月 16 日，委員會發表最後報告書。

金禧中學事件調查委員會報告書的重要論點和貢獻

報告書對事件的定性

當時的公開論調主要都是負面的。以下列報章的報道為例："官方透露導致金禧風波內因：一羣教師希望接管金禧校務"（《明報》1978 年 5 月 18 日）；"金禧學潮情形更趨複雜：滋事者滲其中"（《華僑日報》1978 年 5 月 24 日）；"赤色魔爪伸入教會津貼學校"（《萬人日報》1977 年 5 月 1 日）。

整份報告書卻有十次把事件定性為校方理財不當及揭發該事之行動，包括"本委員會認為校方理財不當及揭發該事之行動實為寶血會金禧中學整個事件之關鍵"（頁 7），"校方理財不當及揭發事件，確實為導致日後衝突及各走極端之關鍵因素"（頁 11）。最後總結委員會的觀點是"校方理財不當及揭發事件後，導致一連串失當之行為及反應，加上溝通欠善，令形勢更趨惡化"（頁 28）。

報告書對事件的問責

教育司署一直在社會論調中扮演正義的角色，例如："港府干涉金禧學潮，堅決對付滋事分子"（《新報》1978 年 5 月 11 日）。

然而，整份報告書有 12 次把事件歸咎於教育司署的處理不當，俱列報告書有關內容如下：

"在資助學校之管理方面，教育司署辦法通常都是信賴辦學團體。……教育司署視學人員並未經常到金禧中學進行視察。"（頁 13）

"揭發理財不當事件後，……被派出任該校校董之教育司署人員為馮炳祥先生，理應先行了解導致揭發行動及其後所發生事件之背景。不幸馮先生未能做到此點。……靜坐抗議之第二天，馮先生始行到訪該校一次。"（頁 14）

"由於所得資料有限，教育司署未能充分認識到下列重要因素：理財不當不單只為法律上之問題……乃為道德上之問題。"（頁 14-15）"……揭發理財不當一事本身不應被視為錯誤行為。"（頁 15）

"由於教育司署……未能認清各教師揭發該校理財不當一事本身原為一項合理行動，並且輕易接受過分表面化之觀點，認為此等教師進行煽動生事。"（頁 15）

"本委員會更感覺到教育司署在資助則例不同部分所規定之事項，要求學校遵照資助則例行事時，其嚴格程度似有不同。"（頁 17）

"金禧中學新約章內所訂條件，在擬訂時曾向教署諮詢並取得教署同意。教育司署對事態既無徹底了解，即使已派有該署一名人員出任校董，仍然認為服務約章必須修訂，以防止將來發生事故。"（頁 17）

"發出警告信件一事，使敵對局面進入一新階段，同時使敵對形勢更形尖銳化。"（頁 20）

"正如教育司一樣，主教對學校事態所得之印象，大部分乃根據寶血會方面之報告。"（頁 22）

"教署及主教均未嘗試出作調停人,調解雙方之衝突,本會對此,感到遺憾。"(頁 25)

"教育司署對事態之發展並無充分了解,故此坐失機會。未能在此次不幸事件中担任調停角色。"(頁 27)

"除非教育司署自 1977 年 4 月開始即能担任有效之調停角色,封校實為不可避免之事。"(頁 27)

"教育司署負責處理各階層之伸訴事情之人員,必須有足夠能力判斷及把握社會最基本階層方面之態度與感受。"(頁 31)

報告書對相關教師的定性

多數報章對教師的定性已如前文所述的負面,而報告書對教師的定性,除了上述"各教師揭發該校理財不當一事本身原為一項合理行動"為正面的評價外,委員會認為:

"此等教師大部分都頗年輕、對教學有認真態度及勵志教育事業之男女。他們對學生之關懷,顯然不限於上課時留意學生之學業情況,即在課餘之暇仍花費不少時間照顧學生學業及其課外活動,並對學生個人問題表示關懷。"(頁 5)

"……灌輸社會意識、社會公義,和培養一種質疑精神及對權力抱有懷疑的態度,但要培養此種態度應同時使學生有知識和了解事物的能力,作為理智的基礎;不幸該等教師未能充分注意此需要。"(頁 7)

報告書對校長梁修女的定性

"梁修女確曾善意地嘗試實行若干良策,以改善本港中學教育,但委員會所得印象認為梁修女雖然對自己充滿信心,但缺乏廉潔方正品格、智慧及毅力去妥當地領導辦理一所按照其理想創辦之學校。"(頁 12)

建議

報告書就財政處理、行政和溝通(頁 29)各方面作建議:

"本會同時覺得廉政公署之貪污問題諮詢委員會之建議,把資助學校列入防止賄賂條例附表所列之公共機構名單內,亦為有效之舉。"(頁 30)

"修訂教育條例使教育司只有權力停止學校活動一段時間。此後,倘認為必須封閉該校,則總督會同行政局始有權發出封校命令。"(頁 30)

"教職員與校董會之間、教職員與教育司署、校長與教育司署之溝通途徑……"(頁 30)"本會建議鼓勵各校成立家長教師聯會,以便家長能與教師及校董會有更多接觸。"(頁 31)

金禧事件在香港教育史上的意義在於:由於它沉重而影響廣泛地揭露了當時資助學校行政管理的嚴重不合理現象,促使當局不得不認真考慮修訂對於資助學校的資助則例。1979 年 6 月,教育司向資助學校發出一份通告——《關於教職人員、校董會及教署三方面諮議事》,通告中建議從 1979 年 9 月起在資助學校建立諮議制度,在此制度下,教師代表可就有關學校的問題發聲,與校董會直接商討。

黃麗松報告書的貢獻

　　筆者嘗試引用林行止於 1978 年 7 月 15 日在《信報》對黃麗松報告書貢獻的短評。林先生指出，在報告書發表後："在金禧事件上，港府可說是全盤認錯，因為金禧 16 位教師的四項要求基本上被政府接受。這些要求是復校、公佈斂財事件的真相、撤銷對 16 位教師的警告信。……16 位教師在封校後訴諸公道的表現，為今後本港'政治鬥爭'開創了新榜樣。……金禧事件至此應告一段落，但教育司署的改革尚未開始。"

　　致使港府全盤認錯、指出教育司署需要改革，是黃麗松報告書最大的貢獻。

鳴謝

彈指之間，四分之一個世紀便過去了！

1993 年，香港商務印書館出版了三本由我主編的書：《小學教育：課程發展》、《中學教育：課程發展》和《香港教育：邁向 2000 年》（和戴希立合編）。這是自 1988 年我開始在香港中文大學任教以來出版的第一套書籍。

這 20 多年以來，我在香港、台灣和內地出版了超過 10 套書，現在有機會再次和香港商務印書館合作，出版可能是我的最後著作，實在令人十分鼓舞。

首先要感謝的是香港商務印書館總經理葉佩珠女士。我們初次見面時，她已經展現出對本書主題的關注。我隨即把書籍的目錄和序言通過微信傳給她，而她從"灼見名家"網頁了解各篇文章的內容後，很快便表示有興趣出版此書。她同時透露，總編輯毛永波先生和他的同事們會跟進出版的具體事宜。

我也很感謝吳一帆編輯，其編輯工作非常認真細緻，並從各方面提出修訂建議，使本書更趨完善。

書內其中七篇文章有四位共同編寫者（王振華、曾國良、韓孝述和徐俊祥）。四位先生對我編寫本書的貢獻非常大，彌補我在各方面能力上的限制。特別感謝曾國良先生為我修飾多篇文章的文字，更感激霍秉坤教授對本書的命名提供啟迪。

此外要多謝的是優質學校改進計劃。這個計劃提供了辦公室內各種設備，使我具備充足的條件進行各項編寫工作。同時要感謝的是李文浩和賴水洋兩位先生，他們在電腦應用、資料蒐集和編輯工作上提供了很多具體的協助。

感謝"灼見名家"網頁提供良好平台，讓本書各篇文章得以面世。

最後要感謝人民教育出版社出版了我的《現代學習與教學論：性質、關係和研究》，為本書提供非常重要的理論基礎。